员工岗位技能培训系列教材

设备调度员（初级）

哈尔滨地铁集团有限公司　编

西南交通大学出版社
·成　都·

图书在版编目（CIP）数据

设备调度员：初级 / 哈尔滨地铁集团有限公司编
.—成都：西南交通大学出版社，2019.8
员工岗位技能培训系列教材
ISBN 978-7-5643-7040-4

Ⅰ. ①设… Ⅱ. ①哈… Ⅲ. ①城市铁路—设备—调度—技术培训—教材 Ⅳ. ①U239.5

中国版本图书馆 CIP 数据核字（2019）第 169668 号

员工岗位技能培训系列教材
Shebei Diaoduyuan（Chuji）
设备调度员（初级）
哈尔滨地铁集团有限公司　编

责任编辑　姜锡伟
助理编辑　宋浩田
封面设计　毕　强

出版发行　西南交通大学出版社
（四川省成都市金牛区二环路北一段 111 号
西南交通大学创新大厦 21 楼）
邮政编码　610031
发行部电话　028-87600564　028-87600533
官网　http://www.xnjdcbs.com
印刷　四川煤田地质制图印刷厂

成品尺寸　210 mm×285 mm
印张　10.5
字数　309 千
版次　2019 年 8 月第 1 版
印次　2019 年 8 月第 1 次
定价　32.00 元
书号　ISBN 978-7-5643-7040-4

课件咨询电话：028-87600533

哈尔滨地铁集团有限公司
培训系列教材编写委员会

主　任	马柏成　姜庆滨
副主任	刘宝玉
主　编	范国荣
副主编	苏雪芳
委　员	孟　晔　丁　晶　王玉斌　封玉德　张玉库
	沙天瑜　邹永志　王　皓　王英龙　毕　强
	耿占东　朱松滨　李学友　李春辉　崔　敏
	李文博　公严鸿　吴文冠　王龙云　张　磊
	孟祥龙　关苹苹　张艺天　姜海波　吕博瑶
	倪世钱　汪新华　刘炳强　刘宇博　杨　钊
	张雁艳
评审专家组	李广俊　樊德亮　黄旭虹　王春玲　杨永芝
	徐金薇　张琼燕　曹新康　蒋红梅　岳战威
	柴宇飞　王松海

本书编写人员

主　编　　刘炳强

主　审　　公严鸿

哈尔滨地铁编写人员：电力部分：赫　亮　姜　宇　程英豪　赵征鸿

环控部分：姚任声　薛景钰

序

2008年，哈尔滨地铁开工建设。10年间，我们走过了一条奋斗者的创业之路，企业的人才培养也必须紧跟发展定位，向标准化、规范化方向努力。培养“老员工”的与时俱进和更新知识势在必行；培养“新员工”的高端起步和新技术应用是当务之急。企业倾其情、尽其能抓员工教育；员工把培训作为前进的动力、改变自我的平台、提升技能的手段和实现人生价值的途径。

城市轨道交通作用的发挥，依靠系统安全和高效运营。城市轨道交通系统设备先进、结构复杂，高新技术应用越来越普及，要保障这一庞大系统的安全稳定，必须依靠与之相协调的高素质人才。轨道交通行业员工队伍中2/3以上是技术工人，他们是企业的主体，他们的素质直接关系到企业的生存和发展。因此，企业只有拥有一支高素质的技能人才队伍，培养一批技术过硬、技艺精湛的能工巧匠，才能确保安全生产，提高工作效率，提升非正常情况下的应急处理能力。

岗位技能培训是人才培养的重要途径，是提高企业核心竞争力的重要手段，而岗位技能培训的过程和结果，需要相应的培训教材作支撑。哈尔滨地铁集团有限公司通过几年的工作实践，深感编写具有企业设备设施和运营组织特点、满足岗位技能培养需要、确定合作院校教学大纲的教材的重要性。为适应目前“校企合作，工学结合”的人才培养模式，我们围绕哈尔滨地铁的重点专业、重点岗位，采取企校联合的办法，编写了哈尔滨地铁集团员工岗位技能培训系列教材（共12册）。后续我们将持续更新，做到各岗位、各等级全覆盖。在编写教材的过程中，我们组织了一批轨道交通职业院校的教师和地铁一线的专业工程师对教材进行了认真编撰，各设备厂商也积极参与，大家建言献策，群策群力，共谋地铁人才教育之道。

这套教材的主要特色如下：

（1）以哈尔滨地铁规章规程为主，以通用基础知识为辅，突出哈尔滨地铁设备的特征，注重理论与实操相结合，适用于员工入门培训及初级岗位技能培训。

（2）采用模块化的编写方式，结合岗位特点，将知识点重新梳理、整合，做到了教学目的明确、教学重点突出。

（3）结合哈尔滨地铁应急处置、故障分析、典型案例等方面的处理经验，并配以大量现场设备图片、处理程序、操作流程图等进行详细解说，做到理论与现场相结合，实现上岗零对接。

（4）注重“学练”结合。教材中每个模块、每个项目、每个知识点都提炼出相应的习题，给出了测试要点，做到学考统一。

在迈向新征程之际，所有参与企业教育的工作者，将多年的经验和所得凝聚成这套系列教材，借鉴了同行业的思路，受益于上海、宁波、重庆等同行业的指导。尽管这套教材有很多不完善之处，也有不成熟的想法，但在蹒跚之中，我们必须要走出一条管理者的创新之路。

谨以此书，献给为哈尔滨地铁事业奉献青春年华的所有建设者，献给默默工作在一线的广大员工，献给未来与企业共发展的奋斗者！

范国荣

2019年7月

前　言

为适应哈尔滨地铁轨道交通网络化运营快速发展的需要，加速培养企业急需的高技能人才，让企业员工的岗位培训更加规范，并使员工能够尽快掌握技能、胜任岗位作业要求，哈尔滨地铁集团开展了企业生产类员工岗位和技能培训标准化教材的编制工作。

该教材结合地铁运营实际需要出发，突出应用性和实践性，注重培养设备调度员在运营过程中具备日常调度指挥、及时准确处理各种突发事件的核心职业能力，保证地铁运营安全以及乘客服务质量。

本书采用模块教学，是以哈尔滨地铁设备调度工作任务为项目内容，以完成典型工作任务的逻辑顺序为线索，实行学习结构向工作结构转换的一种能力。

本书用于哈尔滨地铁设备调度岗前培训及在岗培训，也可作为其他城市轨道交通企业员工、大中专院校学生的培训和学习教材，或供其他相关人员学习参考。

编　者

2019 年 6 月于哈尔滨

目录 CONTENTS

设备调度员（操作）业务模型

设备调度（维修）业务模型

设备调度员（操作）业务模型

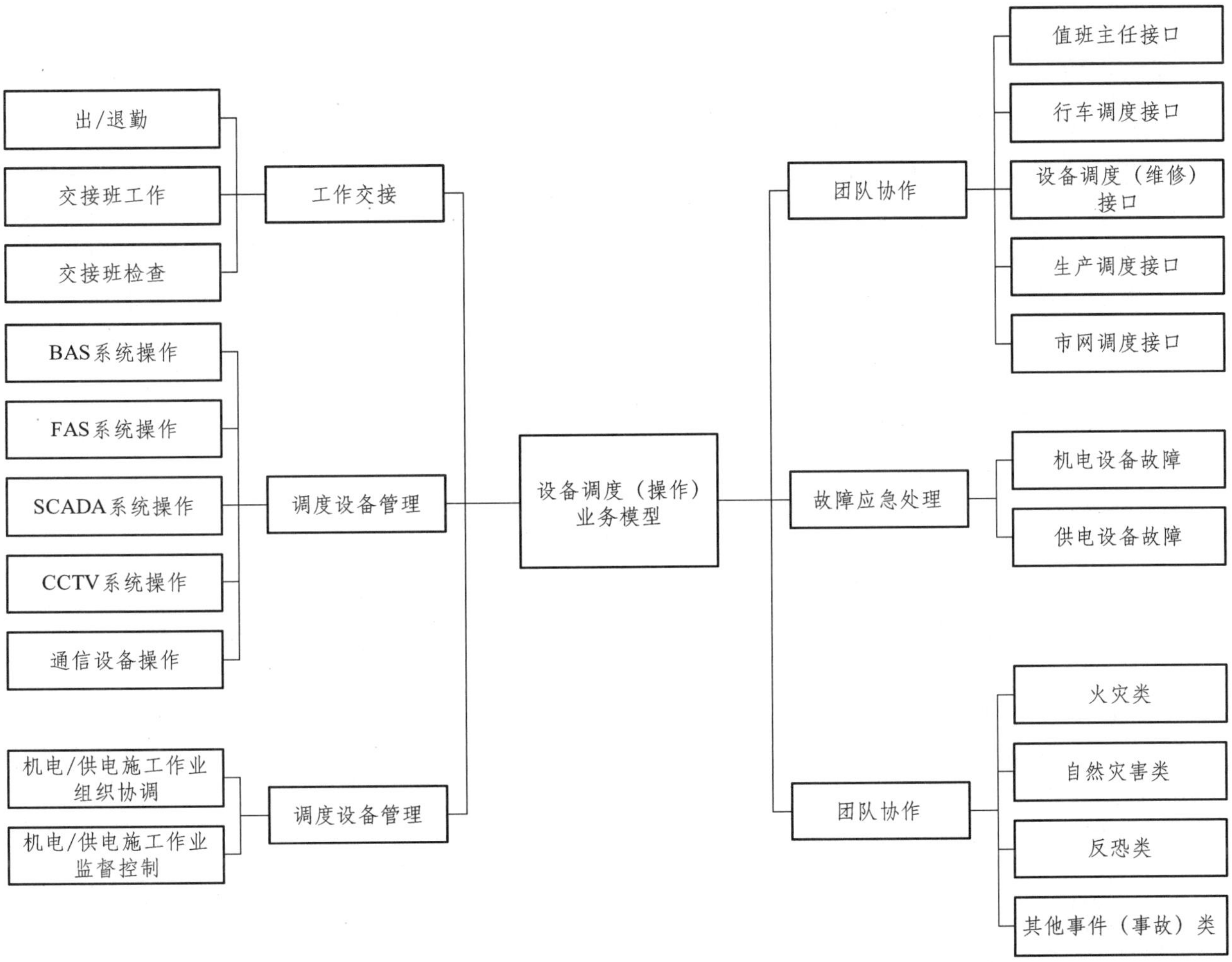

模块一　工作交接

案例导学

小刘刚来到公司，被分配到指挥中心工作。在第一天上班跟师傅学习的过程中，小刘发现师傅到岗后做了很多自己不明白的工作，在小刘印象中，到岗后就可以直接上班了，而之前上班的设备调度员就可以下班了。师傅告诉小刘：上班前我们一定要把接班前的工作做到位，因为设备调度员工作涉及很多方面，只有掌握了实际情况，我们后续的工作才能很好地开展下去，遇事也就不会茫然、不会手足无措。通过师傅的讲解，小刘深刻认识到师傅所做的那些工作的重要性。

那么，设备调度员的工作交接与日常生产工作有哪些关系？工作交接又包含哪些方面的内容？如何去了解和掌握工作的方方面面？以上的问题可以通过学习本模块得到解决。

学习目标

1. 了解设备调度员相关台账。
2. 了解相关通知文件。
3. 掌握出退勤流程。
4. 掌握交接班事项。
5. 掌握当班施工计划。
6. 熟悉管辖设备的运行状态。
7. 熟悉上一班交接的事项。

技能目标

1. 能按照要求办理出退勤手续。
2. 能按照台账填写规范填写《设备调度员工作日志》。
3. 能填写设备调度员相关台账。
4. 能汇报当班的运营情况。
5. 能确认、执行未完成的施工作业。
6. 能掌握设备情况。
7. 能检查各种调度日志、表格、报表、记录运行模拟图是否正确、清楚、齐全。

任务一　出/退勤

相关知识

一、考勤打卡

设备调度员应在上班之前以及下班之后第一时间在控制中心 B 区一层考勤机出打卡考勤，员工站在考勤机感应区域内，听到“姓名”时，并在显示屏上看到自己本人信息，即代表打卡成功，作为本次上班、下班的凭证之一，直接与月度绩效考核挂钩。考勤机外形如图 1-1 所示。

图 1-1　考勤机

二、着装及仪容规范

设备调度员来到更衣室，换好工作服，佩戴肩章、换好工作鞋，打好领带，在仪容镜前整理完毕，精神抖擞开始一天的工作。禁止工作期间穿拖鞋、不穿工作鞋，敞衣，卷袖，领带松垮，制服缺扣等，规范的着装如图 1-2 所示。

图 1-2　规范着装

三、出勤时间

指挥中心实行 24 h 工作制（四班二倒）。
白班：08:00 ~ 18:00（07:30 到岗了解交接班事项，07:50 参加交接班会，08:00 接班）。
夜班：18:00 ~ 8:00（17:30 到岗了解交接班事项，17:50 参加交接班会，18:00 接班）。

任务实施

四、出勤规范

（1）按规定时间提前到岗。
（2）按着装规定着职业工作。佩戴肩章、工作证、领带。
（3）上下班时及时打卡。

五、注意事项

（1）按时上下班，不迟到、不早退。
（2）着装规范、得体。

任务评价

根据以上的学习内容，评价自己对本任务内容的掌握程度，在下表相应空格里打“√”。

评价内容	差	合格	良好	优秀
对出勤时间的掌握程度				
对着装要求是否掌握				
学习中存在的问题或感悟				

任务二　交接班作业

相关知识

交接班作业至关重要，在设备调度员工作中起到承上启下的作用，完整全面的交接班可以将已完成的作业事项及待完成的作业事项很好地交代给接班设备调度员，以便让接班设备调度员很快地进入工作状态、掌控生产情况，有利于后续的生产工作有序开展。

交接班原则：

设备调度员接班后应及时查看交接班内容并了解设备运行情况；

在现场出现重大事故和处置故障时，原则上不得进行交接班。

任务实施

一、交接班流程

（1）交班调度员应树立全局观念，事先做好交班准备，填写好各类台账，并签字确认。

（2）接班调度员应提前 20 min 到达控制中心，按规定着装，向当班设备调度员了解设备运行情况、系统运行情况、设备检修情况、设备是否出现新的故障。接班人员注意查看设备状态是否与交班人员所说一致，相关遥测量是否正确，并签字确认。

（3）查看施工通告，了解当班期间的停电施工、做好相应准备。

（4）接班人员水杯固定放在指定位置，交班后一律放回。

（5）退勤后，交班调度在调度大厅的个人物品必须全部带走。

（6）接班人员接班后应按规定打扫大厅，保证地面和台面整洁。

二、交接班内容

（一）设备调度（电力方向）

（1）设备检修、试验、投运、操作的进行情况。

（2）系统运行方式的变更及事故的发生与处理过程。

（3）继电保护、自动装置变动情况。

（4）检查各种运行日志、表格、报表、记录运行模拟图是否正确、清楚、齐全。

（5）上级的指示和文件。

（6）运行中有关的注意事项。

（7）交接班以“设备调度员工作日志”和各种记录为依据。因交班内容错漏而造成的后果，由交班设备调度员负责；若有记录，接班后遗漏处理而发生责任问题，则由接班设备调度员负责。

（8）在处理事故或进行复杂的操作时，不得进行交接班，待处理完毕或告一段落后，方可交接班。若在交接班过程中发生事故，应立即停止交接班，由交班设备调度员指挥处理，接班设备调度员主动协助。

（二）设备调度（环控方向）

（1）检查调度工作设备是否正常。

（2）调度大厅防火巡查。

（3）统计并跟进三日内设备调度员未处理故障。

（4）统计并整理环控类日间施工情况。

（5）车站级重要设备机房现场温度巡查。

（6）全线车站风机现场运行情况巡查。

（7）检查 BAS 环控系统运行情况及环控系统时间表执行情况，如有异常需询问并核实现场实际情况后再行决定处理方法。

（8）根据施工计划组织日间施工。

（9）日间施工进度及完成情况跟进、整理。

（10）全线车站 FAS 柜手自动状态确认。

（11）中心级重要设备机房 BAS 上位温度检查。

（12）日间施工车站环控设备恢复情况检查。
（13）根据车站汇报的相关问题进行应急处理。
（14）填写相关台账，将当班期间所发生的相关情况汇总向接班设备调度员交接。
（15）检查 CCTV 切换及显示状态是否正常。
（16）检查交接班材料是否齐全、交接清楚。
（17）了解当日天气情况，做好预想。
（18）确认全线温湿度情况，确保站内乘车环境舒适。

任务评价

根据以上学习内容，评价自己对本任务内容的掌握程度，在下表相应空格里打“√”。

评价内容	差	合格	良好	优秀
对交接班的掌握程度				
对交接班中的注意事项是否掌握				
学习中存在的问题或感悟				

任务三　运营前检查

相关知识

运营前检查是及时发现并消除事故隐患，保证电力系统安全运行的重要手段，是预防事故发生的重要措施。设备调度员在进行日常检查时，必须遵照作业标准，认真核对电力系统设备运行状态。

任务实施

运营前检查工作内容如下。

（1）每日 4 时，设备调度员确认所有施工已全部销令、接触网恢复送电后，开始进行运营前的检查工作。

（2）设备调度员检查并核对电力系统运行方式、带电情况、通信状态、设备运行状态是否正确。

（3）设备调度员检查有线调度台状态、BAS、FAS、CCTV 监控、SCADA 显示状态、办公电话电脑是否正常。

（4）通过 BAS 系统检查设备情况、SCADA 系统检查接触网网压等设备运行情况。

任务评价

根据以上学习内容，评价自己对本任务内容的掌握程度，在下表相应空格里打“√”。

评价内容	差	合格	良好	优秀
对运营前检查的掌握程度				
对运营前检查具体内容是否掌握				
学习中存在的问题或感				

模块训练

任务训练单

班组：　　　　　　　　　　　　姓名：　　　　　　　　　　训练时间：

任务训练单	工作交接相关作业
任务目标	掌握出/退勤，设备运行情况、交接班作业的业务活动和技能要求的关键点，并能准确无误地进行工作交接
任务训练	请从下列任务中选择其中的两个进行训练：出/退勤作业、运营生产情况、交接班工作
任务训练一： （说明：总结作业流程，并进行模拟实操训练或者在跟岗过程中完成实操训练）	
任务训练二： （说明：总结作业流程，并进行模拟实操训练或者在跟岗过程中完成实操训练）	
任务训练的其他说明或建议	
指导老师评语：	
任务完成人签字： 日期：　　年　　月　　日 指导老师签字： 日期：　　年　　月　　日	

模块小结

本模块主要包括交接班事项和交接班会议，讲述了工作交接的操作要求及流程。要掌握这些，首先要掌握工作交接的内容、规章要求等，包括调度员的着装、仪表、工作环境；交接班制度；交接注意事项；考勤制度：设备调度员按规定上下班，不得迟到、早退；熟悉6S标准相关要求，台账填写正确、工整、无遗漏；按要求独立完成各项作业内容。

模块自测

一、填空题

1. 指挥中心实行（　　）小时工作制，（　　）班（　　）倒。

2. 接班设备调度员应提前（　　）min到达控制大厅，按规定着装，并全面了解上一班需要跟进的工作和本班的（　　），确保运营生产的（　　）。

3. 设备调度员日常台账主要包括：（　　）（　　）（　　）（　　）等。

二、简答题

1. 设备调度员交接班的重点工作内容有哪些？

2. 哈尔滨地铁供电系统运行方式是什么？

3. 设备调度员运营前检查的工作内容是什么？

模块二　调度设备操作——供电设备

案例导学

一天，小刘在跟师傅当班期间，医大二院站牵引降压混合变电所发生了轨电位合闸，师傅让小刘将它复位，小刘找了一会儿，对师傅说：我没找到怎么复位。师傅对小刘说，你现在对于 SCADA 的操作还有很多不知道的，我们在日常工作中可能不常用的某些功能，一旦发生故障，我们要迅速处置，及时处理好故障。小刘听了师傅的话后，明白了 SCADA 系统不是只有分合闸这些简单的操作，还有很多功能需要学习才能掌握。

那么 SCADA 系统究竟有哪些功能？具体操作方法是怎样的呢？

学习目标

1. 了解综合监控系统的相关功能。
2. 了解有线调度台的相关功能。
3. 掌握 SCADA 操作手册。
4. 熟悉 SCADA 设备相关操作。
5. 掌握 CCTV 的操作。

技能目标

1. 能进行电力监控系统界面切换。
2. 能进行电力设备远控操作。
3. 能进行事件、报警信息的查询。
4. 能够进行停送电审核、办理。
5. 能够进行施工作业办理。
6. 能够独立使用 CCTV 调取各个摄像头的即时监控功能，了解调取录像监控辅助事件/故障分析功能。

任务一　有线调度台

有线调度台提供相互独立的双手机，可同时与两个用户通话或召开两个调度电话会议。有线调度台具有实时录音接口，可以连接数字录音设备，实现对调度员和用户通话内容的连续录音或自动录音，录音启动方式有压控启动和标准 600 Ω 音频接口两种。系统可配备多媒体数字录音机或多通道磁带录音机。

一、有线调度台组成

有线按键调度台由以下几部分组成：液晶显示屏，按键区，左功能键区，右功能键区，左手机和右手机，有线按键调度台如图 2-1 所示。

图 2-1　有线按键调度台

（1）有线按键调度台采用大规模集成电路和高性能嵌入处理器设计，采用模块化结构，其中主模块上共有 64 个键，可扩充模块最多可配置 5 个，最多可达 384 个热键。

（2）液晶显示器有单色屏幕和彩色屏幕两种，可显示时间、新来话、手机状态、调度台缺席情况和查询信息。

（3）左功能键包括会议、点名、并机、保持、转移、踢除、强插、强拆、静音、闭铃、菜单、键权、路由、轮呼、选接、重播、免提、取消、音量调节等功能键和拨号盘。

（4）右功能键包括会议、点名、保持、转移、强插、强拆、静音、并机、踢除、重播、取消、键权、免提、音量调节等功能键和拨号盘。

（5）有线调度台提供外接电话机接口，可用普通电话机、头戴耳机或无绳电话等替代调度手机。

（6）有线调度台提供两路电源输入，两个电源互为备用，可同时使用或单独使用。

（7）有线调度台提供一个标准 USB 接口。

（8）有线调度台提供一个标准以太网接口。

二、调度台操作界面

调度台操作界面如图 2-2 所示。

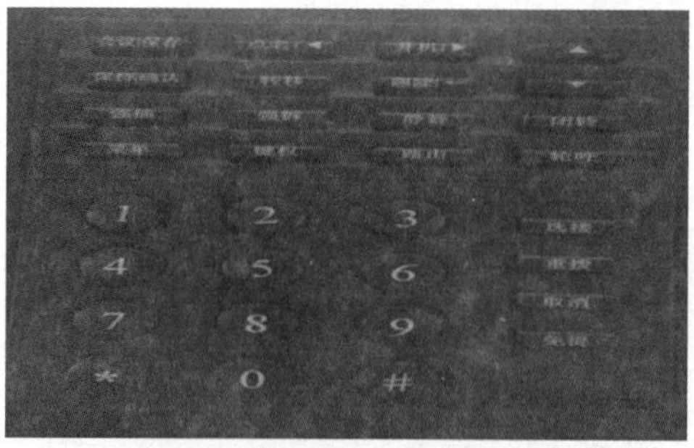

图 2-2　调度台操作界面

（一）时间区

时间区显示系统的当前时间，由交换机传送过来，以保持与交换机时间的一致性。

（二）信息区

信息区分为四行，显示来电及系统信息。

（1）来电，第一、二、三、四行可分别显示第一、二、三和最后一个来电。包括来电用户的名字和号码，如果用户没有名字，则只显示号码。

（2）第四行是信息行，显示系统认为有必要显示的一些信息，包括启动信息、DEBUG 信息、操作提示信息等。

（3）同时，第一、二、三行又兼作菜单行。要调用菜单时，就显示在这三行。

（三）系统信息区

显示单呼/轮呼设置，U 口状态，应答方式设置，调试/正常模式设置，呼出方式设置，等。

任务实施

三、群呼功能

（1）热键上可以设置预约会议的调用码，按该键发起预约会议，呼出会议中的所有分机。

（2）用拨号盘拨预约会议调用码，发起预约会议，呼出会议中的所有分机。

四、插入呼叫功能

（1）调度台呼叫调度分机遇忙，可以按强插键。如果调度分机正在通话中，调度台可以插入通话，变成三方通话，如果调度分机不在通话中，如只是摘机、正在振铃等，则无法插入。

（2）调度台必须设置强插功能，被强插的通话的双方，如果一方有强插保护，则只要通话双方的服务级别（COS）不大于调度台的服务级别则表示强插成功，否则表示强插失败。

三、注意事项

左手柄进行通话时，如有电话呼入，可用右手柄接通新呼入电话。

任务评价

根据以上学习内容，评价自己对本任务内容的掌握程度，在下表相应空格里打“√”。

评价内容	差	合格	良好	优秀
对有线调度台组成的掌握程度				
对有线调度台功能的掌握程度				
学习中存在的问题或感悟				

任务二 SCADA 系统

相关知识

一、电力监控系统构成

哈尔滨地铁电力监控系统由控制中心设备调度系统、各变电所综合自动化系统、复示系统，以及连接它们的通信通道组成。由于本工程采用综合监控系统，电力监控在车站级集成于综合监控系统，控制中心设备调度系统、通信通道和复示系统由综合监控系统统一负责设置。变电所综合自动化系统，实施对全线各变电所、牵引网等设备运行情况的远程控制、监视、测量和数据采集等，通过与综合监控系统等相关系统的配合，实现全线电力监控系统的各项功能。

二、变电所综合自动化系统的构成

变电所综合自动化系统采用集中管理、分散布置的模式，分层、分布式系统结构。系统由站内管理层、数据通信层、基础设备层组成。

站内管理层实现变电所控制室对本车站变电所设备的监视、报警功能，并负责变电所综合自动化系统与综合监控系统之间的数据交换。包括双冗余通信控制器、双冗余太网交换机、工作站、自动化屏、智能测控单元（含 DI/DO/AI 模块）等设备。

数据通信层实现变电所内管理层与基础设备层之间的通信。包括光电转换装置、光缆、通信电缆等设备。

基础设备层实现对基础设备数据的采集、测量等功能，包括 35 kV、1 500 V 直流保护测控单元、0.4 kV 交流保护测控单元、交直流电源系统监控单元、配电变压器与整流机组监控单元、钢轨电位限制装置、排流柜、杂散电流监测装置等设备。

三、数据采集与处理功能

（一）遥　信

系统从变电所综合自动化系统采集各种遥信信息，包括位置遥信和保护遥信，位置遥信分为单位置遥信和双位置遥信，保护遥信为单位置遥信。遥信信息在人机界面上实时刷新，以便操作人员能及时了解现场设备运行状态。

位置遥信包括各种开关、刀闸、接触网等设备的合、分状态，开关手车的工作、试验、检修位置状态，温度检测设备的过限与否等。

保护遥信包括各类保护动作、重合闸动作的启动、出口失败等，分为事故遥信和预告遥信。事故遥信指使设备停电、停运的事故信号，预告遥信指不影响设备继续运行的故障信号。

（二）遥　测

1. 具有变电所各种电气量的采集功能

遥测可采集电气量包括测量对象的 ABC 三相电压、线电压、电流、零序电压、零序电流、直流电压、直流电流、杂散电流、牵变谐波、有功功率、无功功率、功率因数、变压器温度等。

2. 完成各种数据格式的转换

可将二进制数格式、BCD码格式、浮点数格式等各种格式的模拟量统一转换为实时数据库支持的数据格式。

3. 具有多种计算功能

实时数据库可以为每个遥测量配置工程值换算系数和偏移量，从而完成实际工程值的计算。一些无法直接从子站采集的数据，可在实时数据库中通过编辑公式计算得到。

4. 有多种统计功能

每个遥测量都可以进行日最大值、日最小值、日平均值等的统计。

5. 超量程检查

系统对每个遥测信号要进行量程检查，超量程报警。

控制中心接受遥测量后，把每一个模拟量跟指定的限值进行比较，判断是否越限，检查出越限后将对检查对象进行标志。

6. 零点嵌位（近零死区的处理）

可在数据库中设置一个近零死区，如果遥测值在近零死区范围内时可嵌位成零（下限值）。当采集点的绝对值在归零死区内时，视该点数据为零值。

7. 遥测信号的传送死区处理

对遥测量进行限值和死区检验，用于过滤不正常的采集量。

8. SOE 事件记录

SOE（事件顺序）记录用于分辨事件发生的先后顺序（如故障跳闸的顺序）。系统可以以各种方式（按时间、按事故源对象等）查询、分析和打印 SOE 记录。

系统应配置事件顺序记录功能模块，此模块能将各站的开关及继电保护节点动作顺序及时间记录下来，供事后进行事故分析用。事件顺序记录的主要指标是动作时间分辨率，共分为两类，即站内动作时间分辨率和站间动作分辨率。前者由远方终端保证，后者则除远方终端外还涉及全部系统的对时。

四、报警功能

供电系统一切非正常状态均可以产生报警信息，报警信息包括：模拟量越限，数字量的状态改变，被监控设备的非正常运行状态，监控系统自身以及后备电源的故障。

报警包含声音报警、文字报警、打印报警、推画面报警（可选择）、灯光报警等几种方式，可单独使用，也可组合使用，报警方式可在调度工作站实现，也可以在其他工作站实现，并可以根据工作站的职责范围有选择地报警。

报警等级可根据 SCADA 专业的需求划分为预告、事故、工况、越限等若干等级（4 级或以上），每个报警等级可以定义不同的声音、文字颜色。数据库中的每个数字量点、模拟量点都可以定义各自的报警等级，从而可以实现不同类型的点采用不同的报警方式。

事故发生时，系统的报警列表中将以文字的方式显示报警信息，报警信息前面的部分显示事故发生的时间，此部分为红色并不断闪烁，用于提示设备调度员；后面的部分显示报警名称、当前状态、报警登记等信息，并可以通过颜色区分报警等级。

任务实施

五、系统登入

针对监控功能的操作，系统按照（用户组/用户的模式对应权限进行了分级限定，监控人员使用系统前，进行登录操作，通过填入对应的用户名及密码来登录系统，登录人员获得所在用户组的权限，可以进行相应监控操作。

登入界面如图 2-3 所示。

图 2-3　登入界面

六、控制及操作功能

系统遥控功能，即在系统中心级对接入系统的任何一个可遥控的对象进行合分遥控。

遥控操作执行严格的权限管理，执行遥控的必须是有操作权限或经授权的系统工作人员。

系统对所有的下行命令（遥控命令），具有多级校验及闭锁条件检验，以防误操作。

在进行遥控或顺控操作时，须先弹出操作提示对话框（可确认或取消操作），经设备调度员确认后继续执行。

系统满足指挥中心任意两台工作站不能同时控制操作同一个变电所设备。

（一）单独控制

控制过程分四步进行。

第一步：通过人机界面调出所要控制开关的一次主接线图，如图 2-4 所示。

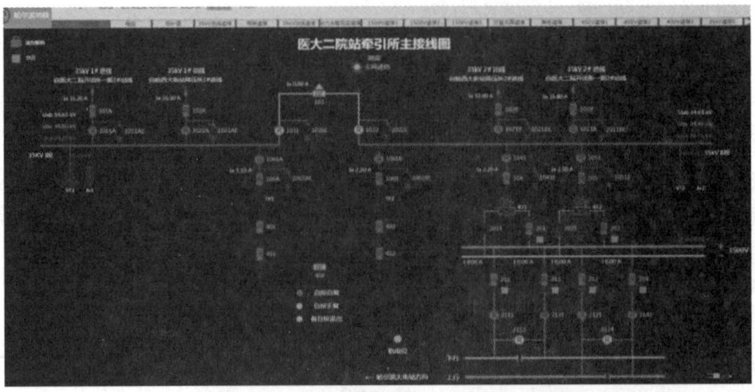

图 2-4

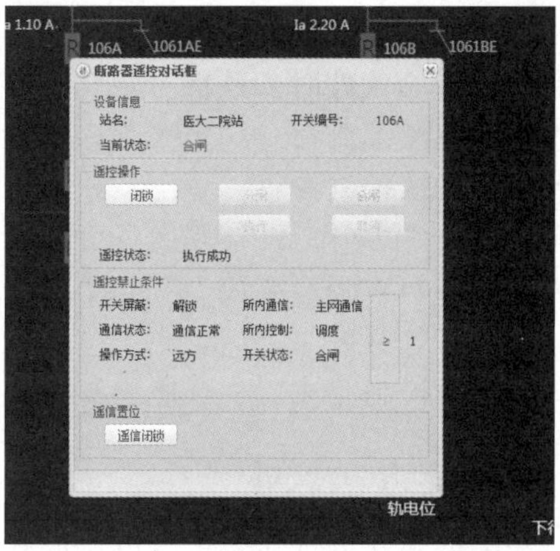

图 2-5

第二步：在调出的一次主接线图中点击所要控制设备的图元，此时系统将自动弹出一个对话框，功能选择对话框如图 2-5 所示。

第三步：点击对话框中的控制按钮，系统将弹出控制的二级对话框，即控制选择对话款。再次对话框中将显示被控设备的点描述、当前状态、可选的目标控制状态、执行、取消等信息。同时系统将自动对被控设备条件进行校验。

第四步：点击选择目标状态，点击执行按钮，系统自动执行返校，若返校失败，系统给出提示信息；若返校成功，系统发出执行命令。若遥控成功，则工作站显示器上开关状态刷新；若执行失败，则工作站显示器上的开关保持原状态显示。

（二）顺序控制

顺序控制是按照一定顺序和条件执行的一系列遥控操作。

顺控种类分为：标准控制系列、批序列控制。

1. 标准控制序列

同一变电站或多个变电站的多个受控对象按照一定的安全联锁关系定义为一个顺序操作序列，设备调度员通过顺序控制画面，选择需要控制的控制序列，对各受控对象进行操作。

顺序操作一旦被启动执行，将自动按照顺序控制序列一步一步地执行。当执行过程中系统检查出安全联锁关系不满足继续执行的条件时，系统可定义为自动跳过或者由操作人员进行人工选择是否继续执行计划任务单中的后续控制命令。常用的顺序控制至少包括下列 2 种序列：牵引站 1 500 V 送电序列；牵引站 1 500 V 停电序列。

以牵引站 1 500 V 送电序列为例，标准控制序列操作步骤如下。

点击 SCADA 电力二级子目录单站目录中的“顺控操作”按钮进入顺控子菜单，如图 2-6 所示，设备调度员可根据控制需要选择单个车站的 1 500 V 送电/停电，或选择全线 1 500 V 送电/停电。

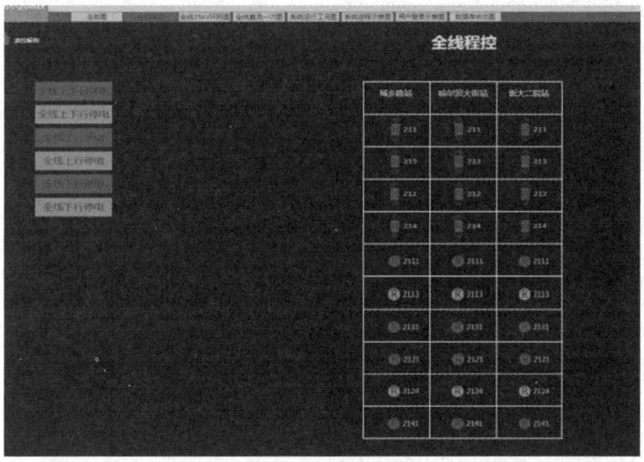

图 2-6

控制序列的闭锁条件决定控制序列是否可以开始执行。在打开画面的同时系统自动检测相关闭锁关系。在闭锁关系不满足的情况下，在顺序控制操作画面提示控制序列闭锁条件不满足，同时“开始”按钮为灰色，不可选。

控制序列中每个被控对象定义相关的闭锁关系。当执行过程中系统检查出安全闭锁关系不满足继续执行的条件时，系统可定义为自动跳过或者由设备调度员进行人工选择是否继续执行计划任务单中的后续控制命令。定义为人工选择时，顺序控制操作画面中“跳过”按钮可选，点击该按钮继续执行后续控制命令。中止操作点击“中止”按钮。

在操作之前，设备调度员可以人为地选择所要操作的开关和电隔，默认为上次选择的状态，点击按钮去掉对勾会变成“不可控”，那么执行的时候会跳过这一步，再点击一下打上对勾会重新变成“可控”。选择好了以后，点击“开始”再点击“执行”，执行顺控操作。

顺序控制完成后，顺序控制操作画面提示操作完成，设备调度员确认后关闭画面。

2. 批序列控制

设备调度员选择多个变电所的标准控制序列，按顺序逐个执行。常用的顺序控制至少包括下列两种序列：全线 1 500 V 送电序列；全线 1 500 V 停电序列。

以全线 1 500 V 送电序列为例，操作步骤如下。

点击 SCADA 电力二级子目录单站目录中的“顺控操作”按钮进入顺控子菜单，选择全线 1 500 V 送电/停电。该画面中各显示各个变电所的 1 500 V 送电顺控序列中定义开关的实时状态和开关的选择状态。

开关选择状态默认为上次选择的状态。需要修改已选的被控对象，则在车站可控的状态下，选择需要进行顺控操作的对象。

确定顺控对象后，单击顺序控制操作画面中的开始，系统将依次触发执行所选牵引所的送电顺控程序。

如在执行过程中，设备调度员想中止全线送电的顺控操作，可点击全线顺控送电画面的“中止”按钮，停止全线顺控操作。

顺序控制完成后，顺序控制操作画面提示操作完成，设备调度员确认后关闭画面。

（三）断路器故障跳闸远程复位

当变电所开关的智能保护装置检测到故障电流发出跳闸指令时，开关故障跳闸，同时保护装置闭锁对该开关的操作，设备调度员需要对被闭锁开关的保护装置进行远程复位操作，解除其对开关操作的闭锁，方可对该开关进行遥控操作，使其能够重新投入运行。需要进行远程复位操作是在开关右方显示红色的“复”字提示设备调度员对开关进行复位操作，如图 2-7 所示。

图 2-7

操作步骤如下。

点击开关右下方显示的红色按钮，弹出功能选择对话框如图 2-8 所示。

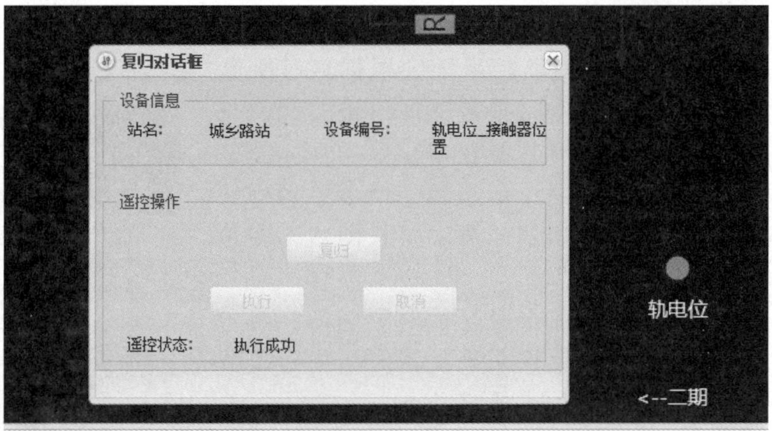

图 2-8

选择复归，点击执行按钮，执行复归操作。

供电系统具有控制闭锁功能：当现场供电设备故障时，引起相应开关跳闸，则此开关控制命令的操作被自动闭锁。被控对象在定义时，可编辑输入与之相关的闭锁条件。再不满足闭锁条件时，执行命令将被自动屏蔽并给出提示信息。被控对象的闭锁条件为人工置数状态时给出相关提示信息，由设备调度员决定是否继续执行。闭锁功能在配置数据库的同时配置完成，可以由系统维护人员根据实际需求进行修改。

目前提供的控制闭锁的提示方式可分为以下两种。

控制操作中，被控设备处于控制闭锁状态时，在控制窗口的左上角提示相关信息“违背闭锁条件”，且执行按钮不可选。

可点击菜单进入闭锁画面查询不满足的闭锁条件的具体内容，红色提示不满足的闭锁条件。

控制操作中，被控制设备的闭锁条件处于人工置数状态时，在控制窗口的左上角提示相关信息“闭锁条件为人工置数状态”，执行按钮可选。设备调度员可以根据需要选择继续执行或者取消操作。

（四）报警信息查询

报警功能是随着监控系统的运行自动启动的，并不需要人为操作，一般在监控画面下侧为报警提示条，显示最近一条报警的具体信息，如采集时间、事件明细、动作状态等。

设备调度员日常查询近期报警信息时，可以点击该报警条窗口，将弹出如图 2-9 所示的报警窗口。

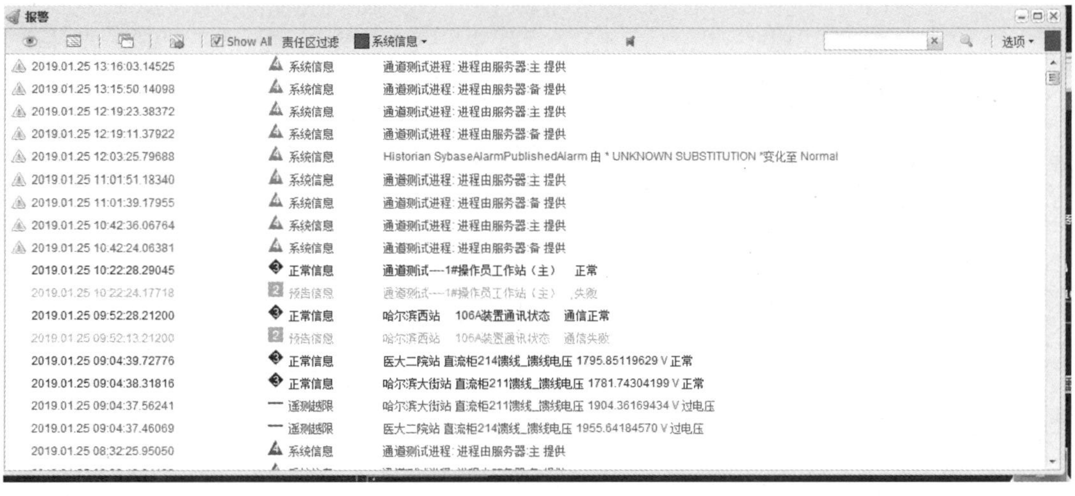

图 2-9　报警窗口

监控运行窗口最上方从左至右依次显示“当前报警显示”“全线事故一览表”和“调度运行管理”窗口。当变电站内有信号告警时监控系统会根据信号所属类别自动点亮相应的告警灯，“实时报警”窗口会被自动弹出，如果“实时报警”窗口被关闭，也可用鼠标点击相应的告警灯弹出实时告警窗口。

报警信息组成为时间、信息类别、车站名、信号点名称、事件明细、动作状态等，当单点遥信信号发生时，即状态变位时，在告警栏会出现相应的告警信息。

对于实时告警，可以通过“当前报警显示栏”确认，也可通过“实时报警窗口”进行确认。监控系统支持对历史告警数据的查询，按照“start→报警历史查询”打开查询窗口，如图 2-10 所示。

在“报警历史查询条件栏”中依次选择“责任区选择”“报警等级选择”“查询时间选择”后，再点击“查询”，可以搜索出满足条件的历史报警记录，如图 2-11 所示。

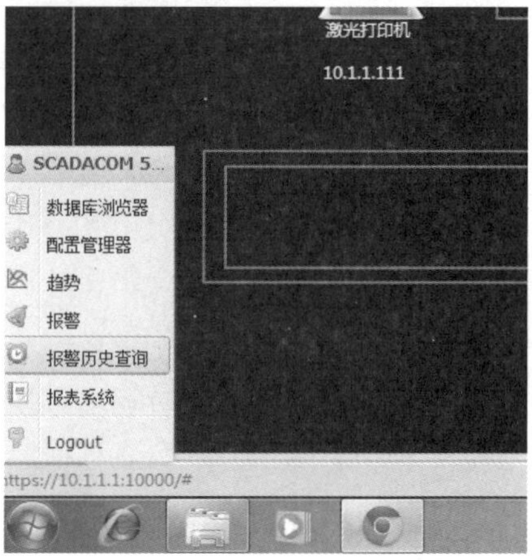

图 2-10　打开查询窗口

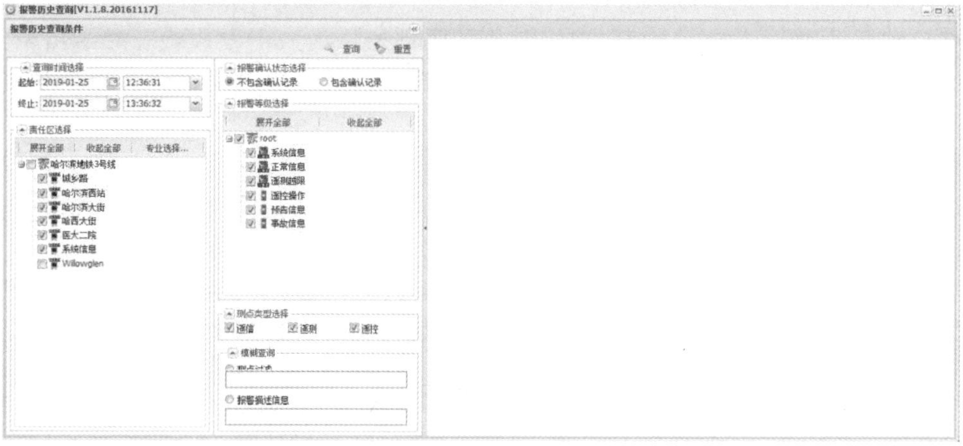

图 2-11　搜索满足条件的历史报警记录

任务评价

根据以上学习内容，评价自己对本任务内容的掌握程度，在下表相应空格里打“√”。

评价内容	差	合格	良好	优秀
对 SCADA 系统的了解情况				
对 SCADA 相关操作是否掌握				
能否通过 SCADA 查询相关信息				
学习中存在的问题或感悟				

任务三　CCTV 系统

相关知识

闭路电视监控系统能在人们无法直接观察的场合，却能实时、形象、真实地反映被监视控制对象的画面，并已成为人们在现代化管理中监控的一种极为有效的观察工具。由于它具有只需一人在控制中心操作就可观察多个区域，甚至远距离区域的独特功能，所以被认为是保安工作的必须手段。

闭路电视监控系统能提供某些重要区域近距离的观察、监视和控制。系统符合国家有关技术规范。一般在系统应设置电视摄像机，以实现全方位监控。系统的主要设备应配置电视监视器、时滞录像机和画面处理器等，使用户能调看任意一个画面和遥控操作任意一台有遥控功能摄像机的云台和变焦功能。

闭路电视（又称 CCTV）监控系统是安防领域中的重要组成部分，系统通过摄像机及其辅助设备（镜头、云台等），直接观察被监视场所的情况，同时可以把监视场所的情况进行同步录像。另外，电视监控系统还可以与防盗报警系统等其他安全技术防范体系联动，使用户安全防范能力得到整体的提高。它可以通过遥控摄像机及其辅助设备（镜头、云台等）直接观看被监视场所的一切情况，可以让被监视场所的情况一目了然，且提供录像可供事后查询和分析。同时，电视监控系统还可以与防盗报警系统，门禁系统等其他安全技术防范体系联动运行，使其防范能力更加强大，界面如图 2-12 所示。

图 2-12　视频管理界面

任务实施

一、视频切换显示

（1）通过监视器监视本站站厅、站台、自动扶梯、出入口、票务室等处的情况。

（2）控制中心调度员可以通过监视器监视各站的站厅、站台、出入口等处情况。

（3）支持多用户监控同一画面，当各车站/车辆段/停车场值班员访问同一摄像头时，可以选择本站任一摄像机的图像并在监视器上显示，监视图像的显示顺序既能用各种时序自动切换循环，也能由操作人员手动切换。

二、注意事项

（1）在进行视频回放时，需尽量缩短查找时间，提高查找速率。
（2）根据 CCTV 现场实际布局，合理调配 CCTV 显示。

任务评价

根据以上学习内容，评价自己对本任务内容的掌握程度，在下表相应空格里打“√”。

评价内容	差	合格	良好	优秀
对实时监控视频切换的掌握程度				
对历史视频回放功能的掌握情况				
学习中存在的问题或感悟				

模块三　调度设备操作——环控设备

学习目标

1. 掌握 FAS/BAS 系统的基本监控操作。
2. 掌握火灾报警控制器操作。
3. 掌握指挥中心 IBP 盘操作。
4. 掌握车站 IBP 盘操作。

技能目标

1. 能独立编辑时间表，并在排定后下装。
2. 能单点控制设备启停，如风机、风阀的设定及调节，风机频率设定、水泵和照明的开关。
3. 能根据现场情况，正确执行相应模式。
4. 能通过报警管理器确认设备状态。

任务一　BAS 系统操作

一、BAS 系统基础知识

（1）BAS 系统监控范围。

一号线地下车站及区间隧道的空调及通风设备设施；一号线车站的 400 V 以下低压设备，如图 3-1 所示为 BAS 主机电扶梯界面。

（2）BAS 系统在 OCC 设有两台工作站，一主一备，均具备中央监控功能，如图 3-2 所示。

（3）具有对环控设备情况及模式执行情况的监控功能，如图 3-3 所示。

（4）具有对一般及导向照明设备监控功能，图 3-4 为 BAS 系统照明系统图。

（5）具有对 400 V 以下重要低压设备设施的监视功能，如图 3-5 所示为 BAS 主机给排水设施系统图。

（6）能够显示、记录、打印车站环境参数数据，设备运行数据及故障报警信息。

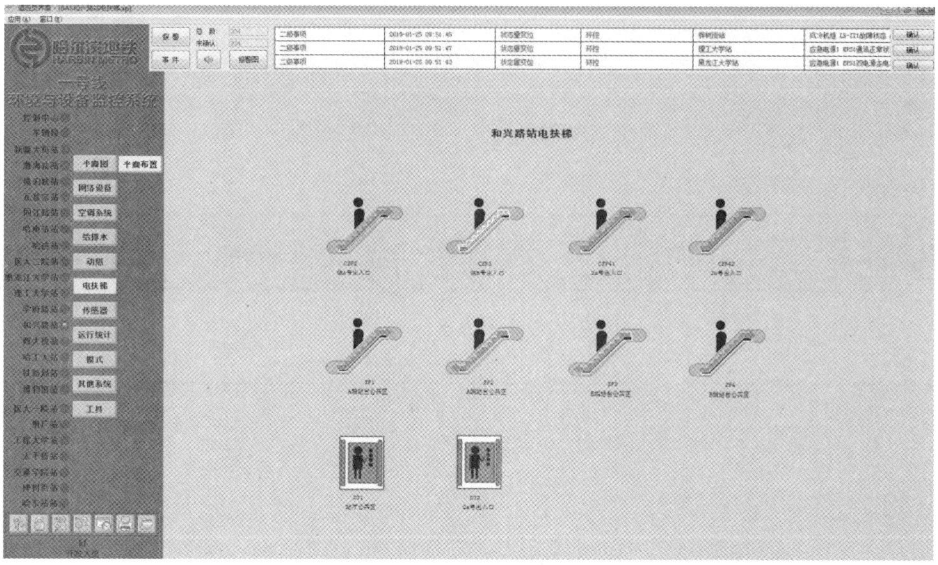

图 3-1　BAS 主机电扶梯界面

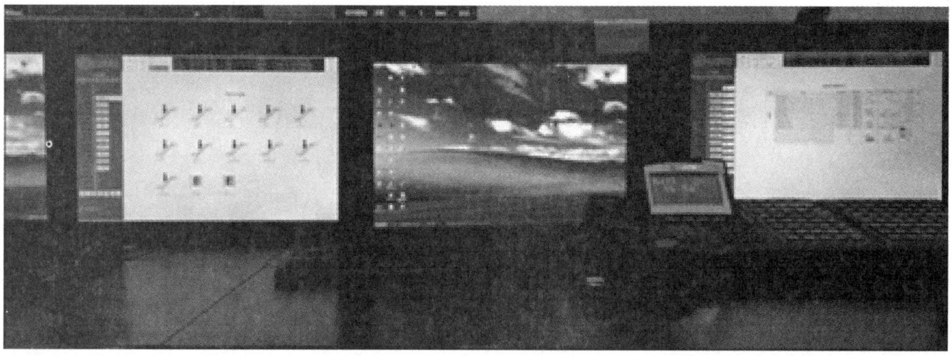

图 3-2　中央监控功能

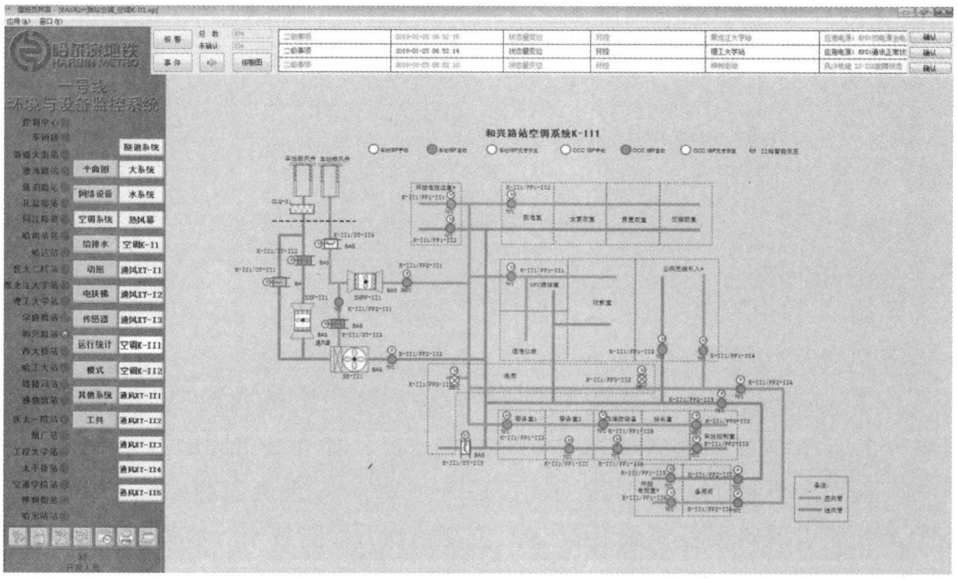

图 3-3　监控功能

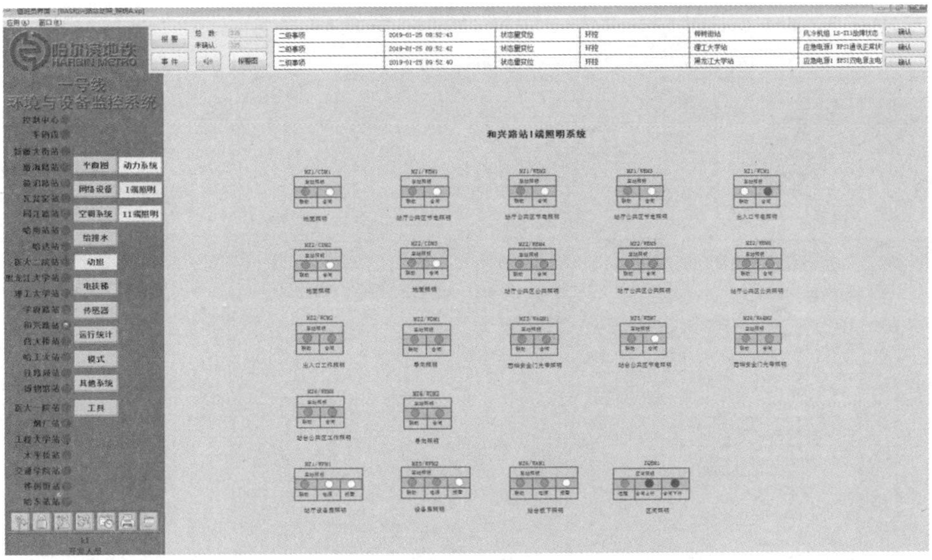

图 3-4　BAS 系统照明系统

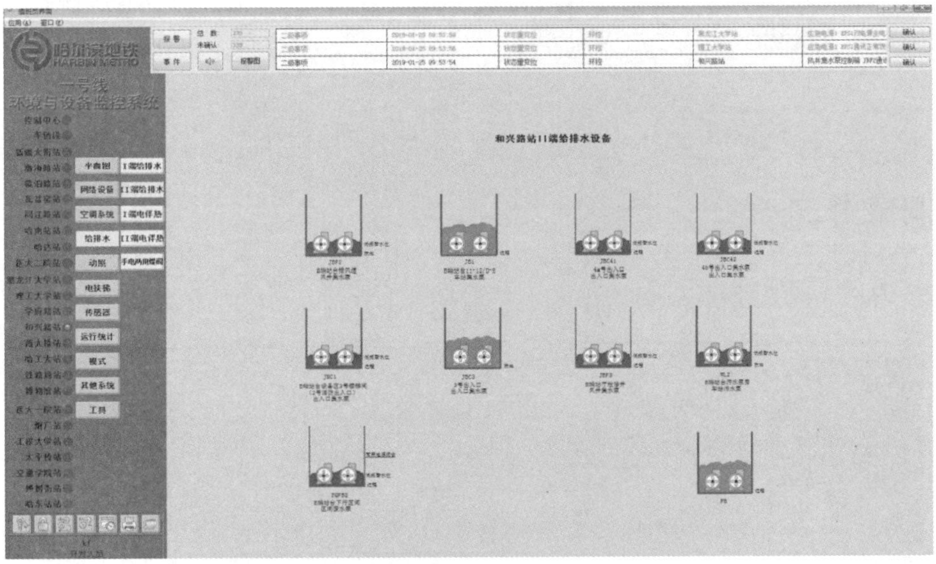

图 3-5　BAS 主机给排水设施系统

二、BAS 系统的监控、操作规定

（1）正常情况工作站应设定显示主页面。

（2）重要故障报警信息必须逐条确认，并及时通知设备调度（维修）。

（3）在火灾等紧急情况下，如果是 BAS 系统能自动完成的操作，必须自动完成。

（4）设备调度员台的两台 BAS 监控工作站，必须保证全天 24 h 运行，确保一台故障情况下另外一台能够正常工作。

（5）BAS 系统在车控室与 FAS 系统有接口，能够直接接受 FAS 系统火灾指令，将相关系统模式转为相应的火灾模式。

（6）BAS 系统在 OCC 与 ATS 系统有接口，能够直接接受列车区间阻塞信号，将隧道通风系统转为阻塞模式。

（7）BAS系统在OCC与主时钟有接口，能够自动将系统时间与主时钟进行同步。如图3-6所示。

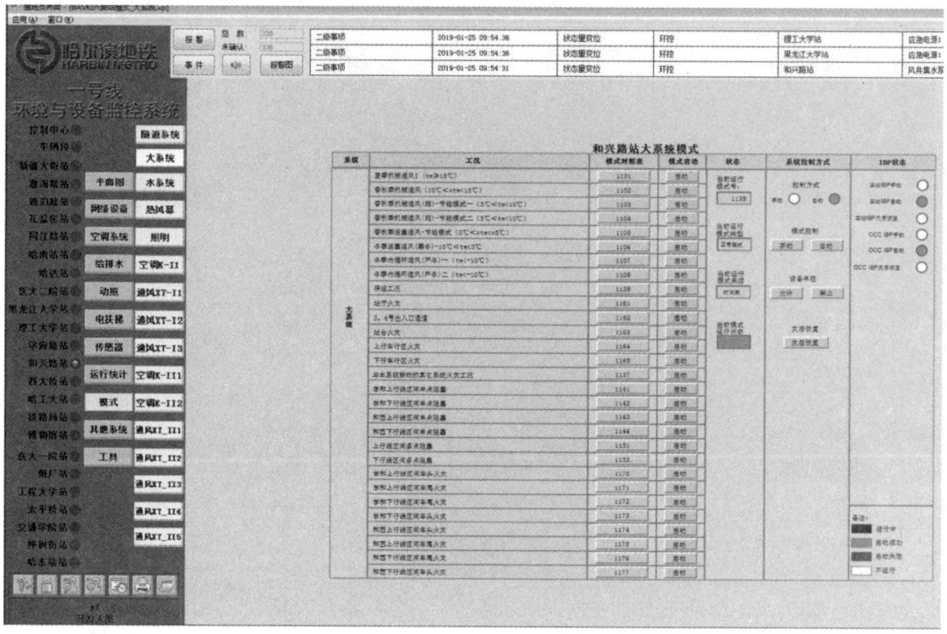

图 3-6

三、时间表排定

以西大桥站为例（见图3-7）。

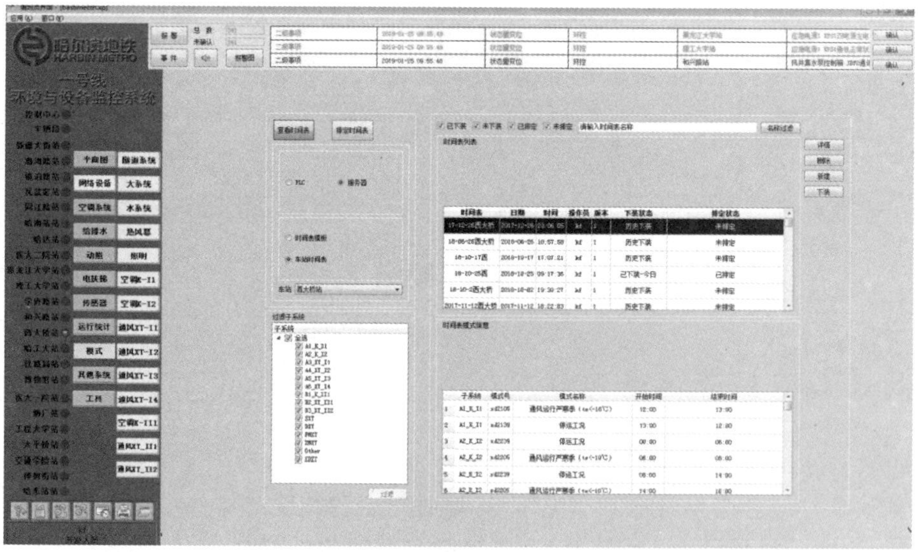

图 3-7

（1）点击“时间表控制”图标。
（2）选择“查看时间表→服务器→车站时间表→西大桥站”。
（3）在时间表列表中找到“已下装→今日明日”（已排定）时间表。
（4）点击“查看”按钮。

（5）在新的弹出框中点击“编辑”按钮。

如图 3-8 所示。

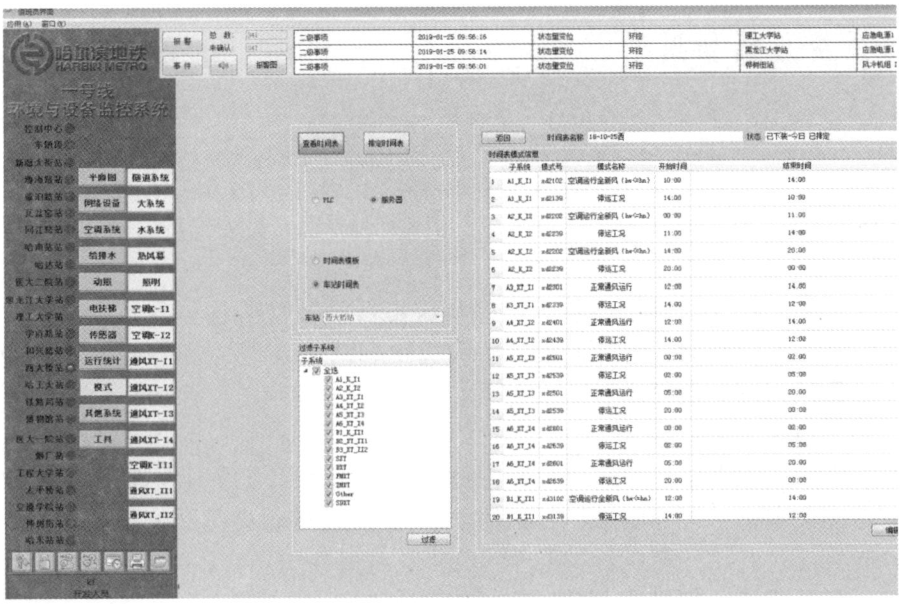

图 3-8

（6）在时间表模式信息中找到“夜间正常模式”，将开始时间修改为 18:30，然后找到“夜间节电模式”，将开始时间修改为 20:30，点击“另存为”按钮，为新建的时间表起名为“2016-08-22”，点击“确定”。

（7）点击“返回”按钮。

（8）在时间表列表中找到新建的时间表“2016-08-22”，点击下装→今日时间表→确定，再点击下装→明日时间表→确定。

（9）选择排定时间表，点击时间表段管理第一行（七月开头那行）。

如图 3-9 所示。

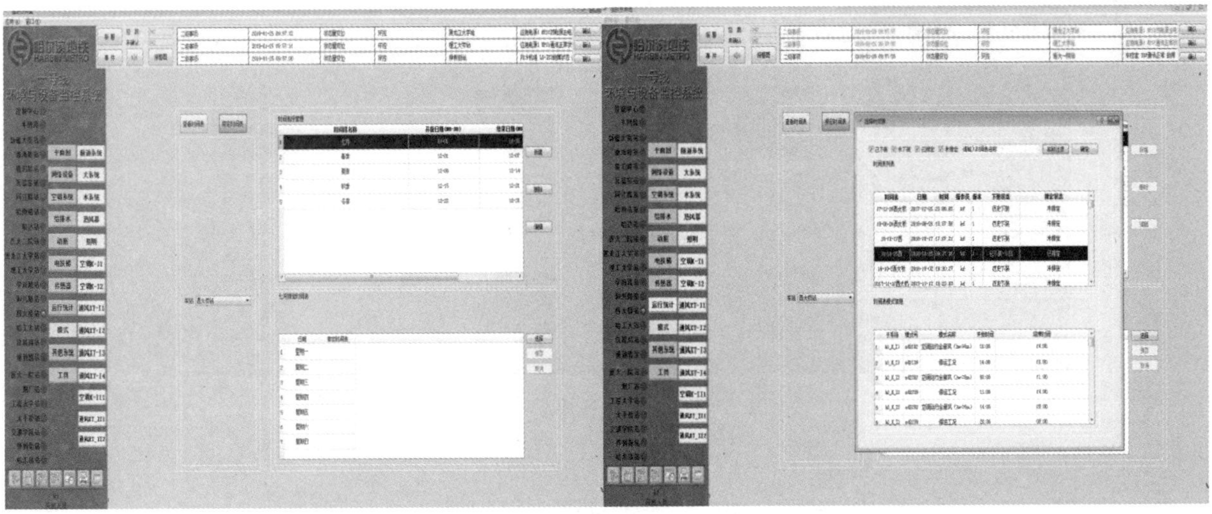

图 3-9

（10）在七月排定时间表中分别双击“星期一”至“星期日”七行，分别在弹出框中选择“2016-08-22”时间表，然后点击“确定”按钮。

（11）点击七月排定时间表一栏中的“保存”按钮并确定。

任务二　FAS 系统操作

一、FAS 系统基础知识

1. FAS 系统监控范围

1、3 号线车站及区间隧道、太平桥基地、哈南停车场及主变电所。

2. FAS 系统的功能

（1）自动监视火灾，接收烟感、温感、红外等探测器的报警信息。

（2）自动监控管理防烟排烟、消防灭火、防火卷帘、消防泵/喷淋泵状态、消防电话、与防灾救灾有关的设施；分控级切断非消防电源，关停非消防设备，控制工作照明，向广播系统发送火灾信号，切换服务广播为救灾疏散广播。

（3）车站火灾探测、报警与消防联动控制一体设置，当发生火灾时，提供给 AFC、SCADA、广播火灾信号；控制防火卷帘、常开防火门、消防泵、排烟/防烟防火阀、电梯等实施联动，并接收其反馈状态信号；同时通过车站的数据接口，向 BAS 发出报警信息和模式指令，BAS 按 FAS 模式指令将其所监控的设备运行模式转换为预定的火灾模式，FAS 发出的指令具有最高优先权。

（4）接收的信号有：消火栓按钮动作信号；气体自动灭火区域的火警、预警、放气、故障和手自动切换信号。

报警界面如图 3-10 所示。

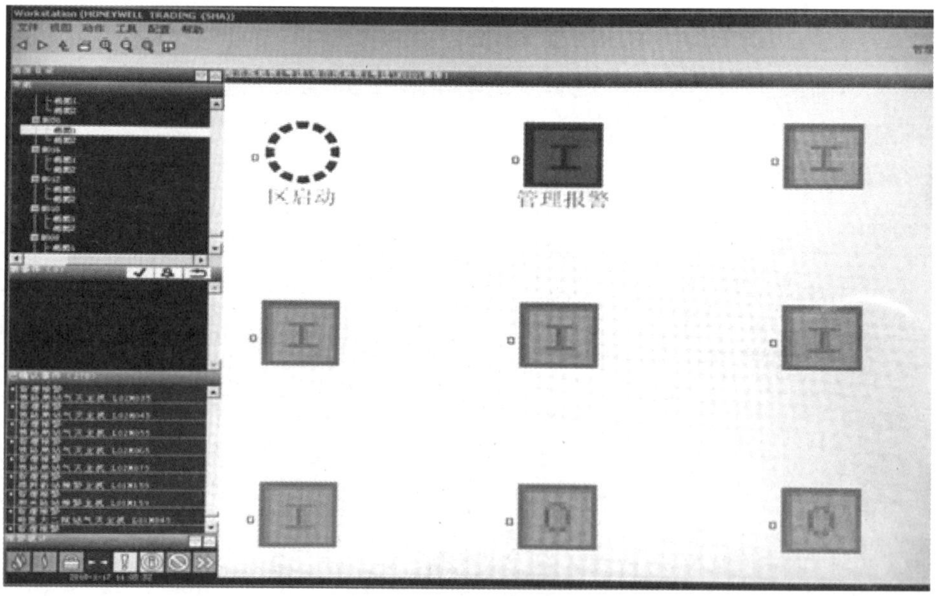

图 3-10　报警界面

二、FAS 系统的操作规定

（1）车控室 FAS 系统由经过培训的授权人员负责进行操作，没有授权或未经设备调度员同意的人员不能进行操作和确认。

（2）全线各站车控室设有 IBP 盘，正常情况处于自动状态，在紧急情况时可由车站值班员转为手动控制状态并进行操作，操作完毕应立即报告设备调度员。

（3）当 FAS 系统发生火灾报警时，当值的车站值班员应立即在控制盘上或 FAS 电脑上进行确认，同时要组织人员对火灾信号进行现场确认，确认完毕立即报告设备调度员。设备调度员应对 OCC 的 FAS 系统上产生的每一个火灾报警信号进行确认。

（4）调度员应将报警声音调至能被自己准确辨认的程度。

（5）设备调度员台的 FAS 监控工作站，必须保证全天 24 h 运行。

任务三　火灾报警控制器操作

一、相关知识

消防设施是指火灾自动报警系统、自动灭火系统、消火栓系统、防烟排烟系统以及应急广播和应急照明、安全疏散设施等消防产品。

二、烟感报警器

烟感报警器就是通过监测烟雾的浓度来实现火灾防范，工作稳定可靠的传感器，被广泛运用到各种消防报警系统中，性能远优于气敏电阻类的火灾报警器，烟感报警器如图 3-11 所示。

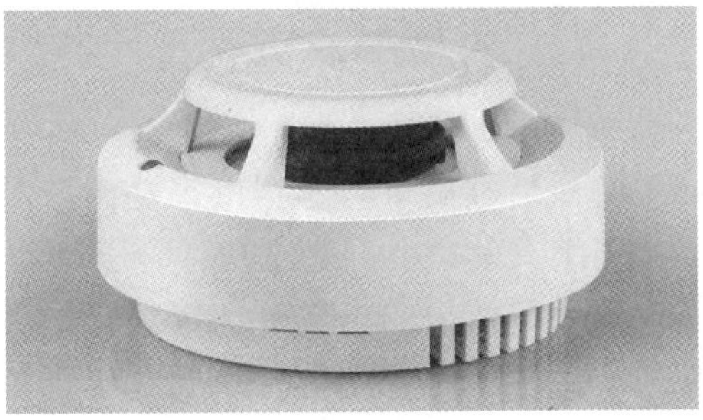

图 3-11

工作原理：红外发射管的红外光束被烟尘粒子散射，散射光的强弱与烟的浓度成正比，所以光敏管接收到的红外光束的强弱会发生变化，转化为点信号，最后转化成报警信号。一旦确认火警，报警器发出火警信号，火灾指示灯（红色）点亮，并启动蜂鸣器报警。

三、声光报警器

声光报警器是为了满足客户对报警响度和安装位置的特殊要求而设置的。同时发出声、光两种警报信号。

设置安装要求及注意事项如下。

（1）每个防火分区的安全出口处应设置火灾声光警报器，其位置宜设在各楼层走道靠近楼梯出口处。

（2）具有多个报警区域的保护对象，宜选用带有语音提示的火灾声警报器，语音应同步。

（3）同一建筑中设置多个火灾声警报器时，应能同时启动和停止所有火灾声警报器工作。

外形如图 3-12 所示。

图 3-12　声光报警器外形

四、手动火灾报警按钮

手动火灾报警按钮安装在公共场所，当人工确认火灾发生后按下按钮上的有机玻璃片，可向火灾报警控制器发出信号，火灾报警控制器接收到报警信号后，显示出报警按钮的编号或位置并发出报警音响。

按下手动报警按钮之后的 3 ~ 5 s，手动报警按钮上的火警确认灯会点亮，这个状态灯表示火灾报警控制器已经收到火警信号，并且确认了现场位置。

手动火灾报警器特点如下。

（1）采用拔插式结构设计，安装简单方便。

（2）采用无极性信号二总线，其地址编码可由手持电子编码器在 1 和 242 之间任意进行设定。

（3）有机玻璃片按下后可用专用工具复位。

（4）按下玻璃片，可由按钮提供无源输出触点信号，可直接控制其他外部设备。

手动火灾报警器复位方式：消防手报的复位一般通过吸盘复位型、钥匙复位和更换玻璃三种形式进行复位。

（1）吸盘复位型。

此类型手报是采用塑料制成的按片，可以用专用的吸盘进行复位。

（2）钥匙复位。

此类型手动火灾报警按钮是采用专用钥匙进行复位的，在手报报警按钮上有一个钥匙孔，这就是用来进行复位的。

（3）更换玻璃进行复位。

这种手动火灾报警按钮国外进口的产品用得较多，直接更换玻璃就可以了，如图 3-13 所示。

图 3-13　手动火灾报警按钮

五、气体灭火控制盘

气体灭火控制器专用于气体自动灭火系统中，气体灭火控制器可以连接感烟、感温火灾探测器，紧急启停按钮，手自动转换开关，气体喷洒指示灯，声光警报器等设备，并且提供驱动电磁阀的接口，用于启动气体灭火设备，如图 3-14 所示。

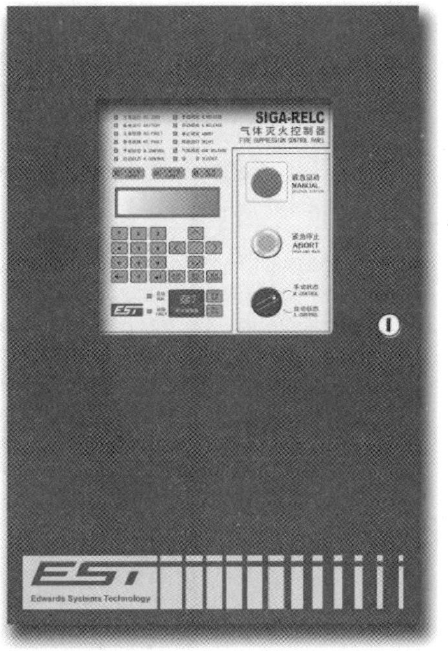

图 3-14　气体灭火控制盘

气体灭火控制盘操作方法如下。

1. 手动控制

将气体灭火控制器上控制方式选择键，拨到“手动”位置时，灭火系统处于手动控制状态。当保护区发生火情，可按下紧急启停按钮或控制器上启动按钮，即可实施灭火。在自动控制状态，仍可实现电气手动控制。

2. 自动控制

将气体灭火控制器上控制方式选择键，拨到“自动”位置时，灭火系统处于自动控制状态，当保护区发生火情，火灾探测器发出火灾信号，报警灭火控制器即发出声、光报警信号，同时发出联动指令，关闭联锁设备，经过一段延时时间，发出灭火指令，打开电磁阀释放启动气体，启动气体通过启动管道打开相应的选择阀和容器阀（瓶头阀），释放灭火剂，实施灭火。

3. 机械应急手动操作

当保护区发生火情，控制器不能发出灭火指令时，应通知有关人员撤离现场，关闭联动设备，然后拔出相应启动瓶组启动阀上的手动保险夹卡片，压下手柄即可打开启动阀，释放启动气体，即可打开选择阀、容器阀（瓶头阀）、释放灭火剂，实施灭火。

（1）如遇上启动阀维修或启动钢瓶中启动气体压力不够，不能工作时，这时应首先打开相对应灭火区域的选择阀手柄，敞开压臂，打开选择阀，然后打开该区域的容器阀（瓶头阀）上的手动手柄开启容器阀（瓶头阀），释放灭火剂，实施灭火。

（2）紧急启停：在延时时间内发现有异常情况，不需启动灭火系统进行灭火时，可按下手动控制盒或气体灭火控制器的紧急停止按钮，即可阻止控制器灭火指令的发出。

任务四　指挥中心 IBP 盘操作

一、中心级 IBP 盘操作方法

（1）顺时针旋转车站 IBP 盘中下部钥匙，将自动位调整为手动位，并确保红色灯常亮。

（2）火灾时根据列车位置、车站位置、人员疏散方向判断送风方向，在指挥中心 IBP 盘中找出相应位置。

（3）确认无误后，按住相应区间按钮、上行或下行线路按钮、车头或车尾火灾按钮直至红色按钮灯常亮。

（4）点击 BAS 系统，找出对应房间系统，确认该系统内风机风阀已正常执行火灾模式。

（5）当火灾完全扑灭后，需要恢复相应设备时，按下 IBP 盘中下部模式恢复按钮 3 s，观察相应位置的模式按钮灯是否熄灭。

（6）逆时针旋转车站 IBP 盘中下部钥匙，将手动位调整为自动位，并确保绿色灯常亮。

（7）点击 BAS 系统，找出对应房间系统，恢复正常模式运行。

如图 3-15 所示。

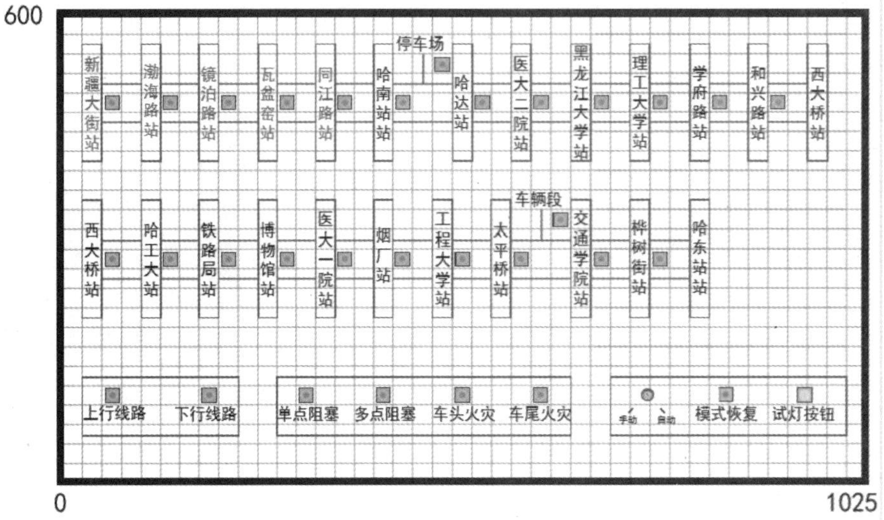

图 3-15

二、中心级 IBP 盘与车站级 IBP 盘区别

中心级 IBP 盘仅能在紧急情况下（如区间火灾、区间堵塞等）控制隧道风机的启停，且车站级 IBP 盘控制权限高于中心级 IBP 盘控制权。

任务五　车站 IBP 盘操作

一、相关知识

车站级 IBP 盘放置在地铁车站综合控制室内，IBP 盘由 IBP 面板、PLC（BAS 专业提供）、人机界面终端（其他专业提供并安装）、监控工作台构成。

（1）当出现车站值班操作员在车站设备服务器或者人机界面出现故障时，通过 IBP 盘对本车站进行应急管理。

（2）在紧急情况下直接操作 IBP 盘上按钮、钥匙开关等，采用人工介入的方式进行运行模式操作和某些设备的远程单动操作，发出的控制信号输入 IBP 盘 PLC，由 PLC 发出联动控制指令和某些设备的远程控制指令。

（3）PLC 通过通信接口和 FAS 报警控制器连接，接收 FAS 报警控制器直接传来的火灾模式指令，并将火灾模式信息转送到现场冗余 PLC 和 BAS 工作站。

IBP 盘一般由上下两部分组成。

（1）上层部分为盘面，主要设置指示灯和按钮，用于显示设备运行状态和控制操作。

（2）下层部分为设备操作台主要放置各专业系统的设备，如显示器、调度电话、监视器等，以及相关的辅助设备，车站监控室盘与各专业系统通过电缆采用硬结点方式进行连接，其主要由工作电源、盘面布置的各专业操作控制按钮、信号状态指示灯、闭锁开关、相应各专业设备编号等构成。

二、IBP 盘应急操作

正常情况下，IBP 盘需保持自动位。若遇紧急情况，如设备区火灾、站厅、站台火灾或需扣停列车等紧急情况，必须在人工介入的前提下方可使用。

车站级 IBP 盘基本操作如下。

（1）顺时针旋转车站 IBP 盘中下部钥匙，将自动位调整为手动位，并确保红色灯常亮。

（2）在 IBP 盘中找出火灾相应的房间，确认无误后，按下右侧红色的火灾模式按钮 5 s，直至右侧红色的火灾模式按钮常亮。

（3）点击 BAS 系统，找出对应房间系统，确认该系统内风机风阀已正常执行火灾模式。

（4）当火灾完全扑灭后，需要恢复相应设备时，按 IBP 盘中下部模式恢复按钮 3 s，观察相应的房间火灾模式按钮灯熄灭。

（5）逆时针旋转车站 IBP 盘中下部钥匙，将手动位调整为自动位，并确保绿色灯常亮。

（6）点击 BAS 系统，找出对应房间系统，恢复正常模式运行。

如图 3-16 所示。

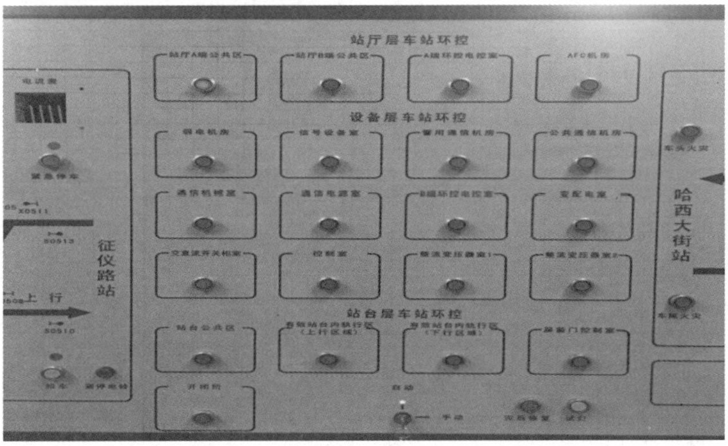

图 3-16

站级 IBP 盘各模块构成（包括：隧道系统、专用排烟机、消防水泵、站内环控系统等）详见图 3-17 和图 3-18。

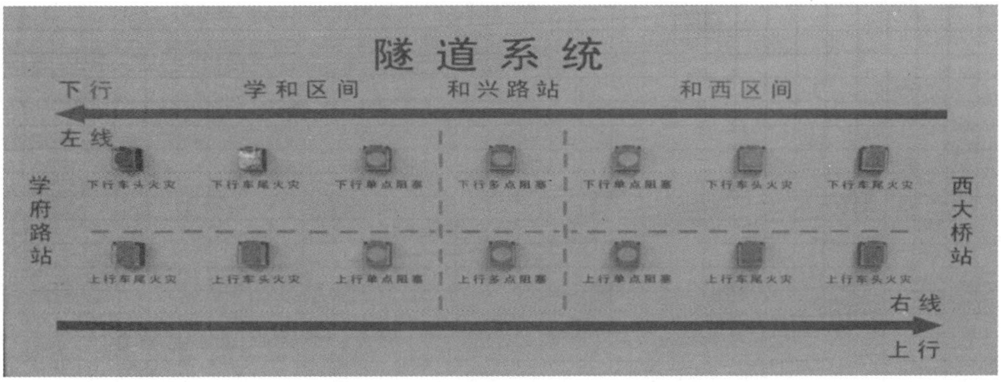

图 3-17

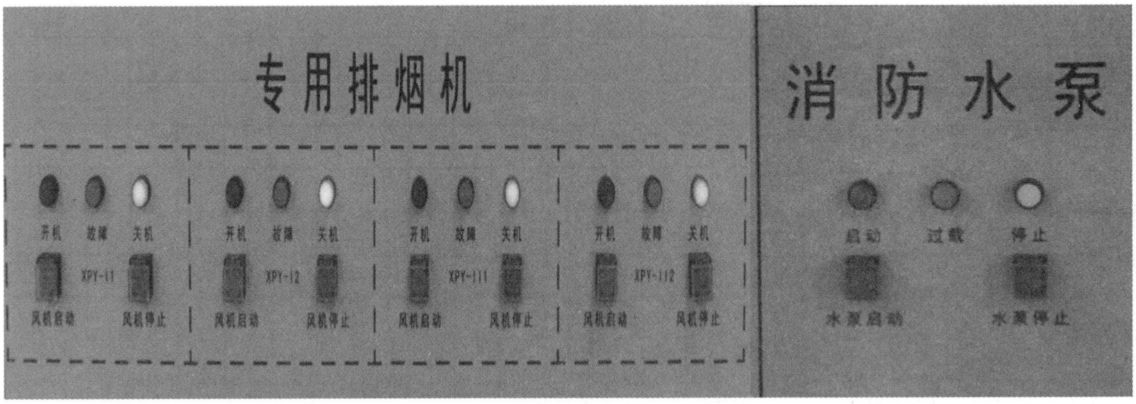

图 3-18

三、IBP 盘的功能

1. IBP 盘上 BAS 系统的功能

IBP 盘上设置有带灯的模式按钮，在中央级 BAS 系统操作无效等紧急情况下，可通过 IBP 盘模式按钮进行隧道或车站发生火灾或阻塞时进行模式控制，并通过指示灯显示模式的执行情况。

2. IBP 盘中 FAS 系统的功能

在火灾等紧急情况下，通过 IBP 盘的紧急按钮可以实现对消防水泵的启动/停止控制，并可以显示消防水泵的运行、停止及过载状态。

模块训练

任务训练单

班组：　　　　　　　　　　　　姓名：　　　　　　　　　　训练时间：

任务训练单	综合监控系统相关作业
任务目标	掌握综合监控系统的功能，根据现场实际情况执行正确的环控模式，能编制和下发时间表
任务训练	控制权的下发、区间照明启停、区间火灾模式下发
任务训练一： （说明：总结作业流程，并在实训室进行实操训练或者上级在模拟软件上完成实操训练）	
任务训练二： （说明：总结作业流程，并在实训室进行实操训练或者上级在模拟软件上完成实操训练）	
任务训练的其他说明或建议：	
指导老师评语：	
任务完成人签字： 日期：　年　月　日 指导老师签字： 日期：　年　月　日	

模块小结

本模块讲述了 FAS/BAS 监控系统的功能、设备单点控制、模式控制、时间表控制、控制权限转移、信息的发布、PIS 信息发布、CCTV 实时监控等。在遇到突发事件和事故时，通过调度现有设备，降低故障影响。

模块自测

一、填空题

1. FAS/BAS 监控系统出现故障时，各使用单位应及时向（　　　　）报修。
2. 单点开启风机前必须保证相关（　　　　）处于开启状态。
3. PIS 信息分为（　　　　）和（　　　　）。

二、简答题

1. 简述如何通过 BAS 监控系统控制空调机组频率。
2. 简述故障发生时，如何通过信息发布系统发送故障信息。
3. 简述如何操作 IBP 盘。

模块四　团队协作——供电方向

案例导学

小刘在上班期间，发现有很多事情师傅都要和其他工种的调度进行沟通协调，最终才能将工作进行下去，小刘好奇地问师傅，我们设备调度员进行相关作业时一定要和其他调度进行沟通吗？我们将要停的电停好不就行了吗？师傅告诉他，我们指挥中心是整个地铁的控制中心。每个工种的调度在操作任何设备的时候都要考虑到相关专业的影响，不能只考虑到自己所管辖的设备，要有大局观的意识。通过本模块的学习，我们能知识设备调度员和其他指挥中心人员有哪些接口。

学习目标

1. 掌握与值班主任接口。
2. 掌握与行车调度员接口。
3. 掌握与设备调度员（维修）接口。
4. 掌握 1、3 号线相关接口。

技能目标

1. 能判断哪些设备是跟值班主任接口。
2. 能判断哪些设备是跟行车调度员接口。
3. 能判断哪些设备是跟设备调度员（维修）接口。
4. 能判断哪些设备是跟临线设备调度员接口。

任务一　调度专业接口

相关知识

团队协作是一种为达到既定目标所显现出来的资源共享和协同合作的精神。

一、设备调度员与值班主任的工作接口

（1）当发生事故和突发事件时，由值班主任指挥各调度员的工作，设备调度员负责了解相关设

备的受影响情况，并提供事故、事件和救灾的配合处理方案，经值班主任确认后执行。设备调度员负责供电配合处理方案，并负责组织相关专业技术人员对故障进行处理和抢修，设法了解处理时间，并适时汇报处理进展情况。

（2）牵引变电站跳闸或故障后，不能以正常方式供电时，设备调度员提供越区供电方案，经值班主任同意后，实行越区供电。

（3）供电设备的维修施工日调整计划，临时计划需供电设备停电、停用影响到运营或需要进入轨行区的，需与值班主任共同审批。

二、设备调度员与行车调度员的工作接口

（1）运营结束后，行车调度员确认停电区段符合停电条件，填写《停电通知单》后，交由设备调度员组织停电，设备调度员确认接触网已停电后，在《停电通知单》上填写停电完成时间、停电编号、设备调度员姓名，并将《停电通知单》交还给行车调度员。

（2）运营开始前行车调度员确认送电区段符合送电条件后，填写《送电通知单》后，交由设备调度员组织送电，设备调度员确认接触网已送电后，在《送电通知单》上填写送电完成时间、送电编号、设备调度员姓名，并将《送电通知单》交还给行车调度员。

（3）事故抢险时，行车调度员可口头通知设备调度员立即停电；供电设备临时故障时，设备调度员告知行车调度员后即可执行停电，事后补填《停/送电通知单》。

（4）设备调度员接报变电所跳闸或发生故障影响运营时，应立即通知行车调度员，行车调度员在值班日志上做记录，设备调度员通知供电部生产调度部门安排相关人员前往故障地点处理故障。

（5）接触网停电后，设备调度员根据施工作业票的要求填写“挂/拆地线通知单”挂地线内容，经行车调度员审批后交设备调度员办理挂地线手续，设备调度员确认接触网人员挂好地线后，通知行车调度员。

（6）设备调度员、行车调度员共同确认施工作业完成后，设备调度员填写“挂/拆地线通知单”拆地线内容，经行车调度员确认后交设备调度员办理拆地线手续，设备调度员确认地线已经拆除后，通知行车调度员。

三、设备调度员（操作）与设备调度员（维修）的工作接口

（1）设备调度员在接到所辖内设备故障报告时，及时向生产调度通报故障信息，并应将故障信息及所提出处理要求及时向设备调度员（维修）通报。

（2）设备调度员接收供电部值班人员及巡检、检修人员的故障（事故）报告并对故障（事故）按“先通后复”的原则发布运行方式改变和紧急处理的指令，处理过程中如需物资设施部配合协助的，及时与设备调度员（维修）联系。

（3）设备调度员（维修）在接到设备调度员紧急处理中的配合要求后，应立即向相关专业、人员发出配合作业命令或向相关部门提出配合要求，并监督处理过程，及时报告进展情况。

（4）设备调度员将供电故障影响范围、停电区段、时间报设备调度员（维修）备案。故障处理工作完成后，设备调度员（维修）必须将故障（事故）的详细情况、处理结果、故障（事故）原因等报设备调度员备案。若不能及时抢修恢复正常供电时，将目前故障的处理程度、影响范围和检修所需的时间通知设备调度员。

（5）设备调度员（维修）在接到设备调度员的紧急处理报告后，记录备案；若需要进行进一步

维修处理的，通报供电专业进行安排。设备调度员（维修）在接到设备调度员紧急处理中的配合要求后，应立即向相关专业发出配合作业命令或向相关部门提出配合要求，并将配合工作的反馈结果及时通知设备调度员。

四、设备调度员与供电局调度的工作接口

（1）属设备调度员管辖的供电设备一切操作均按照设备调度员的命令执行。

（2）属供电局调度管辖权限内的供电设备、线路的有计划停电检修作业，由运营公司预先制定检修计划和方案，直接向供电局调度办理停电申请，设备调度员做好记录并备案。临时停电检修计划，运营分公司向供电局调度办理书面申请，设备调度员做好记录并备案。供电局调度应提前将批复情况通知设备调度员。

（3）66 kV 进线开关、母联开关的检修，运营分公司应提前告知供电局调度运行方式，作业内容由设备中心供电部负责沟通协调。

（4）属设备调度员管辖的变电设备检修及继电保护投/退、校验，需供电局调度配合时，设备调度员应提前通知供电局调度。

（5）属供电局调度管辖的继电保护投/退及校验，影响地铁供电正常运行方式的改变，供电局调度应提前通知设备调度员。

（6）属供电局调度管辖的变电设备、线路检修需要停电，供电局调度应提前 7 天通知设备调度员，临时停电时，应提前通知设备调度员。设备调度员收到停电计划后通知生产调度、值班主任、中心领导。若确认不能配合停电时，与供电局运行方协商，更改停电时间。

（7）属设备调度员管辖的变电设备发生事故未引起供电局调度管辖的电网异常时，设备调度员可自行处理，但事后应向供电局调度报告。

（8）属设备调度员管辖的变电设备发生故障引起供电局调度管辖的变电设备及线路异常运行时，设备调度员必须立即如实向供电局调度汇报，并按供电局调度命令执行并记录。

（9）属供电局调度管辖的变电设备及线路发生事故，则由供电局调度统一指挥处理，设备调度员按照供电局调度的命令执行。

任务实施

五、团队合作

发生故障、事故时与相关岗位开展合作，消除故障，降低影响。

六、注意事项

（1）团队协作时，不仅需要完成自己所负责的任务，还要及时关注其他人员的处理进度。

（2）同现场沟通时，避免和其他调度对一件事情进行重复跟进。

任务评价

根据以上学习内容，评价自己对本任务内容的掌握程度，在下表相应空格里打“√”。

评价内容	差	合格	良好	优秀
对值班主任接口的了解				
对行车调度员接口的了解				
对设备调度员（维修）接口的了解				
学习中存在的问题或感悟				

任务二　1、3号线相关接口

相关知识

（1）1、3号线变电所设备以3号线医大二院开闭所301A、301B开关柜为界，具体为301A、301B开关柜（不包括本体）进线电缆及其以上设备属1号线设备调度员管辖。301A、301B开关柜本体及其馈线电缆以下设备属3号线设备调度员管辖。

（2）1、3号线接触网设备以1、3号联络线接触网分段，绝缘器为界。

（3）若3号线电力系统改变运行方式影响1号线电力系统运行时，应先征得1号线设备调度员同意，方能操作。若1号线电力系统运行方式变更影响3号线电力系统运行时，1号线设备调度员应事先通知3号线设备调度员，提前做好电力系统运行方式准备工作。

（4）属3号线设备调度员管辖的变电设备发生故障引起1号线设备调度员管辖的变电设备及线路异常运行时，应及时向1号线设备调度员通报，并协助其处理故障。属1号线设备调度员管辖的变电设备发生故障引起3号线设备调度员管辖的变电设备及线路异常运行时，应及时向3号线设备调度员通报故障情况和影响程度，及时调整电力系统运行方式，恢复受影响区域的供电。

任务实施

一、团队合作

发生故障、事故时与相关岗位开展合作，消除故障，降低影响。

二、注意事项

（1）团队协作时，不仅需要完成自己所负责的任务，还要及时关注其他人员的处理进度。

（2）同现场沟通时，避免和其他调度对一件事情进行重复跟进。

任务评价

根据以上学习内容，评价自己对本任务内容的掌握程度，在下表相应空格里打“√”。

评价内容	差	合格	良好	优秀
对1、3号线接口的了解				
学习中存在的问题或感悟				

模块训练

任务训练单

班组：　　　　　　　　　　姓名：　　　　　　　　　　训练时间：

任务训练单	团队协作作业
任务目标	掌握与值班主任的接口工作，掌握与行车调度员的接口工作，掌握与设备调度员（维修）的接口工作，掌握1、3号线相关接口工作
任务训练	请从下列任务中选择其中的两个进行训练：与值班主任的接口工作、与行车调度员的接口工作、与设备调度员（维修）的接口工作，1、3号线相关接口工作
任务训练一： （说明：总结作业流程，并进行模拟实操训练或者在跟岗过程中完成实操训练）	
任务训练二： （说明：总结作业流程，并进行模拟实操训练或者在跟岗过程中完成实操训练）	
任务训练的其他说明或建议：	
指导老师评语：	
任务完成人签字： 日期：　　年　　月　　日 指导老师签字： 日期：　　年　　月　　日	

模块小结

本模块主要讲述了设备调度员与值班主任、行车调度员、设备调度员（维修）、1、3 号线的接口，设备调度员要熟悉这些内容。当发生与相关专业调度接口的时候，能准确判断出接口内容，沟通协调好相关事项，保证工作顺利平稳完成。

模块自测

1. 设备调度员与值班主任有哪些接口？
2. 设备调度员与行车调度员有哪些工作接口？
3. 设备调度员与设备调度员（维修）有哪些工作接口？
4. 1、3 号线设备调度员有哪些工作接口？

模块五　团队协作——环控方向

学习目标

1. 掌握与值班主任接口。
2. 掌握与行车调度员接口。
3. 掌握与设备调度（维修）接口。
4. 掌握与生产调度接口。

技能目标

1. 能了解相关岗位工作内容。
2. 发生故障、事故时与相关工作岗位开展合作。

一、相关知识

团队协作是一种为达到既定目标所显现出来的资源共享和协同合作精神。

二、设备调度员与各调度工作接口

具体内容如表 5-1 所示。

表 5-1

步骤	负责人	项　目	内　容
1	设备调度员	设备调度员值班主任工作接口	设备调度员在工作中服从值班主任的统一指挥
2			设备调度员协助值班主任完成运营指挥任务
3			在故障、事件或事故的情况下，设备调度员有责任提出环控系统处理方案
1	设备调度员	设备调度员行车调度员工作接口	环控系统开启和关闭
2			因特殊情况，加开客车或客车晚点延误收车时间时，行车调度员通知设备调度员提早或推迟开启和关闭车站空调大系统

续表

步骤	负责人	项　目	内　容
3	设备调度员	设备调度员 行车调度员 工作接口	环控系统的施工协调
4			有关环控、给排水、低压配电、电扶梯的维修施工的日补充计划、临修计划由施工审批人报设备调度员，由设备调度员判断施工影响，当施工占用行车轨道时，还需行车调度员审批；涉及停电作业时，需设备调度确认
1	设备调度员	设备调度员 设备调度 （维修） 工作接口	设备调度（维修）安排抢修后，及时组织有关人员处理，并将故障的处理情况和结果及时回复设备调度员
2			设备调度员每周定期将未处理故障进行统计，报设备调度（维修）。设备调度员根据统计情况每周对未处理设备故障进行整理，及时要求设备调度（维修）督促相关维修部门制定解决方案
3			设备调度（维修）接到有关设备调度员管辖的设备故障或设备不能正常使用等情况时，必须及时报设备调度员，设备调度员做好相关记录
1	设备调度员	设备调度员 生产调度 工作接口	设备调度员接到或发现机电设备与消防设备故障时，若不对行车、安全、服务质量有重大影响或构成重大隐患的应及时接报生产调度并由生产调度组织人员处理
2			生产调度接报后，及时组织相关人员处理，并将故障的处理情况和结果及时回复设备调度员

三、任务实施

（1）发生故障、事故时与相关工作岗位开展合作，消除故障，降低影响。

（2）设备调度员在执行火灾模式或开启事故风机时，需经过值班主任同意。

（3）列车在发生火灾时迫停区间，设备调度员应根据人员疏散方向的相反方向送风。

（4）影响到环控设备的电力施工作业前，设备调度员需将受影响设备关闭后，方可同意作业。

（5）设备调度员接到或发现管辖设备故障时，若对行车、安全、服务质量有重大影响或者构成重大隐患的应及时报设备调度（维修），否则报生产调度。

四、注意事项

（1）发现或接报对行车、安全、服务质量有重大影响的，需及时报值班主任、行车调度员、设备调度、设备调度（维修）。

（2）当故障或事件有最新的进展，需及时通报值班主任及 OCC 其他调度。

五、任务评价

根据以上学习内容，评价自己对本任务内容的掌握程度，在下表相应位置打“√”。

评价内容	差	合格	良好	优秀
对与值班主任接口的掌握程度				
对与行车调度员接口的掌握程度				
对与设备调度（维修）接口的掌握程度				
对与设备调度接口的掌握程度				
对与生产调度接口的掌握程度				

模块训练

任务训练单

班组：　　　　　　　　　　姓名：　　　　　　　　　　训练时间：

任务训练单	团队协作相关内容
任务目标	掌握与各个相关岗位的接口
任务训练	请从下列任务中任选两项进行训练：列车运行图更改、列车阻塞、列车火灾、电力负荷切换、环控设备故障等
任务训练一： （说明：总结作业流程，并在实训室进行实操训练或者上级在模拟软件上完成实操训练）	
任务训练二： （说明：总结作业流程，并在实训室进行实操训练或者上级在模拟软件上完成实操训练）	
任务训练的其他说明或建议：	
指导老师评语：	
任务完成人签字： 日期：　年　月　日 指导老师签字： 日期：　年　月　日	

模块小结

本模块讲述了设备调度员与值班主任、行车调度员、设备调度（维修）、生产调度的工作接口，在发生异常情况时，通过开展合作，消除故障，降低影响。包括日常的正常工作接口，发生故障、突发事件时的协调配合。

模块自测

一、填空题

1. 变电所的停电操作，若影响到机电设备的运行，停电前由（　　　）通知（　　　）。

2. 因特殊情况，加开客车或客车晚点延误收车时间时，行车调度员通知设备调度员提早或推迟开启和关闭（　　　）及（　　　）。

3. 当 A 类施工中影响（　　　）和（　　　）时，行车调度员要与设备调度员确认。

4. 设备调度在事故停电后必须立即通知设备调度员，设备调度员根据停电情况确定（　　　）。

二、简答题

1. 简述设备调度员与值班主任工作接口。

2. 简述设备调度员与行车调度员工作接口。

3. 简述设备调度员与设备调度（维修）工作接口。

4. 简述设备调度员与生产调度工作接口。

模块六　施工作业——供电方向

案例导学

小刘是今年刚刚到指挥中心实习的新员工，初到轨道交通工作，对什么都感觉新鲜好奇。第一天上班看到有一个施工要进行，看到设备调度员正在按照标准的流程进行作业。怎么组织施工作业让小刘很是好奇，本模块主要介绍施工作业的基本工作流程。

学习目标

1. 了解施工管理相关规章。
2. 了解施工计划申报流程。
3. 熟悉变电所施工组织流程。
4. 熟悉接触网自身作业流程。
5. 熟悉接触网配合作业流程。
6. 掌握施工所需填写的相关台账。

技能目标

1. 能审核日补/临补计划。
2. 能审核工作票。
3. 能独立组织停送电作业。
4. 能熟悉组织各类施工作业。

任务一　施工作业管理规定

相关知识

一、相关术语和定义

1. 生产组织管理

生产组织管理包括维修生产管理和运输管理，是指运营分公司对维修生产、运输体系的设置、运行、维护过程的管理，以及对生产计划、运输计划、行车组织等各项管理工作的总称。

2. 施工负责人

对施工作业的组织、安全和管理全面负责的人员。每项施工作业设置一名施工负责人。

3. 影响行车的施工

至进行该项施工作业时，如果当天或次日线路上有列车、工程车运行，会发生影响行车设备运行、降低或终止行车条件、妨碍行车安全的施工。

4. 影响客运的施工

至进行该项施工作业时，客运服务设备设施功能降低、影响客流组织、影响服务质量的施工。

5. 施工作业令

允许在运营分公司所辖范围或者所辖设备内进行施工的一种凭证。

6. 主 站

施工负责人持“施工作业令”到某个车站登记请点施工的车站称为主站（如果同意施工项目多站进行，其作业区含集中站时，主站原则上在集中站）。

7. 辅 站

同意施工项目多站进行时，施工联络人到作业区域包含的办理请销点的车站（主站除外）称为辅站；同一施工项目安排主站和辅站原则上不超过 6 个。

8. 开车作业

需要开行工程车、电客车的施工作业。

9. 施工区域出清

至在施工结束后，施工负责人确认所有作业人员已撤离，有关设备设施已恢复正常，工器具、物料出清、无妨碍行车和设备安全、降低服务质量的因素等。

10. 外单位

运营分公司以外的单位。

11. 计划兑现率

计划兑现率是指各类计划中已安排施工作业项目实际完成件数与计划安排件数的百分比。

二、施工计划分类

施工计划可按时间、施工作业地点和性质两类分别进行划分。

（一）按时间划分

施工计划按时间可分为：月计划（或周计划）、日补充计划、临时补充计划。线路开通初期先采用周计划，待施工计划管理水平提升后采用月计划。

1. 月（周）计划

汇总一月（一周）的设置设备施工、检修、维护及工程车、调试电客车开行的计划。

2. 日补充计划

（1）在月（周）计划里未列入的，对行车有一定影响的检查、维修需要增加的计划。

（2）因特殊原因在月（周）计划里已列入的计划，需对其作业区域、作业时间、施工内容、施工负责人、供电安排、防护措施其中的一项或多项进行变更的计划。

（3）因特殊原因，在月（周）计划里已列入的计划不能如期进行需要删除的计划。

3. 临时计划

（1）运营时间内进行临时抢修，但仍需在停运后继续设备维修的作业。

（2）运营期间发现的设备故障可以停在运营后进行维修的作业。

（3）处于故障临街状态的设备，在停运后进行维修的作业。

（二）按施工作业地点和性质划分

按施工作业地点和性质划分的施工计划如表 6-1 所示。

表 6-1 施工计划划分

A 类	影响正线、辅助线行车的施工	A1	在正线、辅助线行，需要开行工程列车、电客车的施工
		A2	在正线、辅助线行，不需要开行工程列车、电客车的施工
		A3	在车站、主所、控制中心范围内影响行车设备设施的施工
B 类	影响车场的施工	B1	在车场范围内，开行电客车、工程列车的施工（不含车辆中心电客车、工程列车的检修作业）
		B2	在车场范围内，不开行电客车、工程列车但在车场线路限界、影响接触网停电、在车场线路限界外 3 m 内种植树木、搭建相关设施及影响车场行车的施工
		B3	车场内除 B1/B2 以外的施工（办公室、食堂等生活办公设备设施维修除外）
C 类	在车站、主所、控制中心范围内不影响行车的施工	C1	大面积影响客运、消防设备正常使用及需动火的作业（含外单位进入变电所、通信设备房、信号设备房、环控电控室、照明配电室、蓄电池室、水泵房、其他气体灭火保护房内作业）
		C2	除 C1 外其他不影响行车的施工

注：（1）属于正常修程内的 A1、A2、A3、B1、B2、C1 类作业必须纳入月（周）计划。

（2）属于 B3/C2 类的作业，不需提报计划，施工作业负责人直接与车辆段、停车场、车站联系，经车辆段、停车场、车站同意后开始施工。

任务实施

三、施工请销令流程

（1）确认该项施工作业已在车站请点登记，相关施工人员、工器具已就位，具备作业条件。

（2）设备调度员检查工作票的作业代码、作业地点及内容时间、工作票有效期、作业组成员及姓名、工作条件、采取的相关安全措施、安装接地线位置组数等信息无误，确认发布操作命令和作业命令。

（3）设备调度员在《设备调度员调度命令记录表》上填写发令时间、要求完成时间、受令地点、命令内容、发令人、监护人、受令人、命令编号、批准时间、完成时间。

（4）设备调度员与受令人核对挂接地线位置和组数、相关设备位置、带电状态、通信状态等情况是否满足作业要求。涉及含联络线的施工时，本线设备调度员还需征得邻线设备调度员同意。

（5）设备调度员与受令人确认该项施工接地线已拆除、作业人员及工器具均已出清，具备恢复送电条件。

（6）任何施工必须按计划时间销点。施工负责人必须提早 30 min 提出延点申请，并经设备调度员和值班主任同意。

任务评价

根据以上学习内容，评价自己对本任务内容的掌握程度，在下表相应空格里打“√”。

评价内容	差	合格	良好	优秀
对施工管理规定的掌握程度				
对施工计划的了解				
对施工请销令的了解				
学习中存在的问题或感悟				

任务二　接触网施工作业

相关知识

正线接触网设备停电检修作业，施工前设备调度员应根据已审批的工作票内容，组织接触网停电及相关倒闸操作。工作领导人在车站请点登记，经行车调度员批准后，方可开始工作。

设备调度员在停电作业前，要做好以下工作。

（1）申请将所有的停电作业进行综合安排，审查作业内容和安全措施，确定停电区段。

（2）通过行车调度员办理停电作业封闭线路的手续，对可能通过受电弓导通电流的分段部位采取封闭措施，防止各方面来电的可能。

（3）确认作业区段所有的电动车已降下受电弓，断开有关馈电线断路器、接触网开关、作业区段的接触网已经停电，方可发布停电作业命令。停电作业区段有备用电客车时应先报告行车调度员或场调，由行车调度员或场调通知停电作业区段列车司机降下受电弓。

（4）设备调度员发布停电作业命令时，受令人认真复诵，经确认无误后，方可给命令编号和批准时间，在发、受停电命令时，发令人要将命令内容等记入“作业命令记录”中，受令人要填写“接触网停电作业命令票”。

任务实施

一、接触网施工流程

接触网设备停电检修等接触网专业施工，工作负责人向行车调度员申请施工时，行车调度员应根据已审施工计划核对工作内容、停电区段范围、工作范围并确认施工区段接触网已停电。设备调度员核对安全措施施工计划内容是否和工作票一致。

二、接触网配合施工作业流程

接触网设备配合停电等接触网专业配合挂地线作业，工作领导人向行车调度员请点时，行车调度员发起挂拆地线流程，并通知设备调度员。由设备调度员通知生产调度派工班人员挂地线。设备调度员与生产调度确认挂地线完成后，再通知行车调度员，行车调度员确认满足条件后批准该项施工作业请点。施工结束后，工作领导人向行车调度员申请拆地线，行车调度员发起拆地线流程，并通知设备调度员。由设备调度员通知生产调度派工班人员拆地线。设备调度员与生产调度确认拆地线完成后，再通知行车调度员，行车调度员确认满足条件后再批准该项施工作业销点。

任务评价

根据以上学习内容，评价自己对本任务内容的掌握程度，在下表相应空格里打“√”。

评价内容	差	合格	良好	优秀
对接触网施工的了解				
根据施工判断停电范围				
对接触网施工流程的掌握				
学习中存在的问题或感悟				

任务三　变电所施工作业

相关知识

设备调度员管辖范围内设备的停电作业，必须由变电工班填写《变电所第一种工作票》，开工前由领导与设备调度员确认并得到设备调度员的批准后方可进行施工；设备调度员管辖范围内设备的不停电作业，由变电工班填写《变电所第二种工作票》，开工前工作领导人与设备调度员确认并得到设备调度员的批准后方可进行施工。施工前设备调度员按规定与行车调度员、设备调度员（维修）联系。所有的工作票提前上报设备调度员审批，有月（周、日补充）计划的变电所晚上的作业在13:00前报完；临修计划的作业在20:00前报完；接触网检修、配合挂地线作业在18:00前报完；白天的作业在作业前2 h报完。

工作票的有效时间按《高压变电安全作业规程》的相关规定执行。

凡涉及影响供电系统安全运行或操作较复杂的大型施工作业，设备调度员必须按照运营分公司组织审批的方案执行。

设备调度员在组织维修施工作业前，应将所有的停电作业申请进行综合安排，审查作业内容和安全措施，确定停电范围。

各变电所内设备停电检修由现场值班人员得到设备调度员同意后，设备调度员发布许可工作的命令编号和批准时间，现场值班员接令按工作票要求做好安全措施后，方可开始工作。

发布的变电所、接触网施工作业命令，设备调度员必须认真填写好《设备调度员调度命令》。

任务实施

一、变电所施工流程

（1）各变电站内设备停电检修由现场值班人员或作业人员得到设备调度员同意后，办理作业的安全措施，完成后报设备调度员，在得到设备调度员许可工作的命令编号和批准时间后方可工作。

（2）任何人员均不得擅自变更安全措施或检修设备的接线方式。若因检修需要必须做临时变更时，工作负责人应报设备调度员并得到同意后方可进行施工。

（3）检修工作结束后，变电站的检修由现场工作负责人向变电站值班员（无人值班变电站需派专业人员）办理工作终结手续，值班员或工作负责人向设备调度员申请销令。对接触网施工由工作负责人直接向设备调度员销令。

（4）设备调度员只有在接到同一级停电范围的所有作业均已结束，具备送电条件时，方可发令合闸送电。严禁约时送电，接触网送电还须得到行车调度员填写的送电通知单后，方可执行。

（5）经批准的工作票签发人、工作负责人名单以及有关人员的安全等级，供电中心应报送设备调度员备案，如有变更，以书面通知为准。

（6）凡在检修中的设备，由于系统运行需要，设备调度员可发布调度命令，要求检修，实验人员停止工作，尽快恢复到具备送电条件，完成后及时将恢复情况通报设备调度员。

设备存在缺陷能否继续运行，应由供电部专业工程师决定后报设备调度员执行。

二、工作结束后注意事项

（1）工作地点装设的接地线（共×组）是否已全部拆除。

（2）施工人员是否已全被撤离。

（3）设备线路是否有变更。

（4）设备是否存在缺陷。

（5）相位是否变动。

（6）试验结果是否合格。

（7）设备、线路是否具备送电条件。

任务评价

根据以上学习内容，评价自己对本任务内容的掌握程度，在下表相应空格里打“√”。

评价内容	差	合格	良好	优秀
对变电施工的了解				
根据施工判断停电范围				
对变电施工流程的掌握				
对违章作业的判断				
学习中存在的问题或感悟				

模块训练

任务训练单

班组： 姓名： 训练时间：

任务训练单	施工作业相关知识
任务目标	掌握施工作业的分类，了解接触网停、送电、接触网挂拆地线、变电施工和接触网施工的施工流程。学会用施工调令系统及纸质版组织相关施工作业
任务训练	请进行下列任务训练：变电施工组织，接触网施工组织
任务训练一： （说明：总结作业流程，并在实训室进行实操训练或者上机在模拟软件上完成实操训练）	
任务训练二： （说明：总结作业流程，并在实训室进行实操训练或者上机在模拟软件上完成实操训练）	
任务训练的其他说明或建议：	
指导老师评语：	
任务完成人签字： 日期： 年 月 日 指导老师签字： 日期： 年 月 日	

模块小结

本模块讲述了施工的分类、变电施工、接触网停送电、接触网挂拆地线作业的内容。这些作业是设备调度员在日常工作中必须要掌握的，要明确施工的分类，并且能正确按流程组织相关施工，不得出现任何错误。作业过程中还要注意与行车调度员、设备调度员（维修）、值班主任的接口。

模块自测

1. 接触网停送电流程是什么？
2. 接触网挂拆地线流程是什么？
3. 变电施工流程是什么？
4. 简述施工分类，并写出划分范围。
5. 工作结束后，工作领导人必须迅速向设备调度员汇报哪些内容？

模块七　施工作业——环控方向

学习目标

1. 掌握相关术语和定义。
2. 掌握施工计划分类。
3. 掌握施工协调。
4. 掌握施工防护。
5. 掌握施工审批。

技能目标

1. 能确认无法按计划实施施工的原因。
2. 能进行跨部门的施工协调，保障施工作业的顺利完成。
3. 能独立完成施工的审批工作，填写相关台账。
4. 能了解各专业的施工作业情况。
5. 能对大型施工作业（如 TVF 保养）的安全措施、施工进度、设备状态等情况进行跟踪。

任务一　倒闸作业

一、相关知识

（1）倒闸作业前需确认所有环控风机已关停。
（2）设备调度员风机关停后需提醒站内工班人员关停环控柜。
（3）环控风机及环控柜关停后通知设备调度。
（4）倒闸作业前需关停区间照明。
（5）若倒闸作业涉及集团供电，需提前通知相关部门关闭办公设备。

二、施工作业

所有设备调度员管辖范围内的设备进行施工作业时，设备调度员必须填好“设备调度员设备施工作业登记表”，遇重要设备施工作业在当班期间不能完成时，应确保进行交接班。

负荷包括以下三大类。

1. 一类负荷

包含通信系统、信号系统、牵引供电系统、电力监控系统、防灾报警系统、机电设备监控系统、安全门、自动售票检票、所内用电、消防泵、废水泵、事故风机及其风阀、站厅和站台照明、事故照明。

2. 二类负荷

由低压所低压柜其中一段母线馈出一路电源至设备附近的电源配电箱后在馈出给设备，当该段母线失压后，母线分段断路器（母联断路器，连接两端母线）自动合闸，可由另一端母线继续供电。如非事故风机及其风阀，排污泵、自动扶梯、设备区照明和管理区照明、楼梯升降机、民用通信电源、电伴热机组电源、维修电源。

3. 三类负荷

指由变电所三类负荷总开关供电的设备，如热风幕设备、风冷机组、广告照明、热开水电源等。正常情况由一路电源供电，当该母线失压或故障时，中断供电，当电网只有一路电源供电时，也联跳中断供电。

三、注意事项

（1）严禁在运营时间进行影响应急照明的疏散相关的检修作业。
（2）严禁在运营时间进行影响设备供电的检修作业。

四、任务评价

根据以上学习内容，评价自己对本任务内容的掌握程度，在下表相应位置打“√”。

评价内容	差	合格	良好	优秀
负荷分类掌握程度				
对低压检修管理规定的掌握程度				
学习中存在的问题或感悟				

任务二 环控作业

一、相关知识

1. 大系统

车站公共区通风空调和防排烟系统简称为大系统，主要设备包括排风机及各类风阀、防火阀、风管。

2. 水系统

利用水作为介质为车站公共区和设备区提供冷源的制冷系统简称为水系统，主要设备包括风冷机组、冷冻水泵、补水箱、水处理器及各类水阀、水管等。

3. 小系统

车站管理及设备用房的通风空调和防排烟系统简称为小系统，主要设备包括空气处理机组、电加热器、回排风机、新风机及各类风阀、防火阀、风管等。

4. 隧道通风系统

对地下车站两端区间隧道或站台轨道进行通风和排烟的系统简称为隧道通风系统，主要设备包括车站轨道排风机、隧道风机、推力风机及各类风阀、风道等。

二、施工计划的编制、审核、实施相关知识

机电设备施工管理的基本原则如下。

（1）运营期间，车站机电设备的施工作业应不影响列车的安全运行。

（2）正常情况下，设备的检修、检查、日常维护都应不影响正在运行的设备。

（3）运营期间进行检修作业，不应降低客运服务质量。

（4）机电设备作业如影响行车组织或供电系统设备运行，则由各调协同管理，实施前必须得到相关调度人员的确认和同意。

（5）重要行车设备一旦需要停用检修，必须要报值班主任和设备调度（维修）调度备案，同时定好后备方案。

（6）在检修计划范围内，重要消防设备需要停用检修时，检修人员严格遵守检修规程和其他相关规定的应急方案，报设备调度员批准，并确保发生火灾时的消防能力，设备调度员应指定现场专人负责。

设备调度员施工计划统计表如表 7-1 所示。

三、环控系统设备检修管理规定

（1）环控大系统需要进行作业时应保证车站公共区有足够的排烟能力。

（2）空调季节运营期间风冷机组进行检修时注意以下两点。

① 对于不影响供冷的设备检修作业，可以灵活安排检修。

② 长时间影响设备供冷功能的检修作业，设备调度员应密切关注受影响区域设备房温度，必要时和相关部门联系，对房间温度测试。如果温度过高，设备调度员调整通风模式或停止检修作业重新供冷。

（3）运营期间不能进行影响车站排烟能力的施工作业。

（4）隧道通风系统的检修，原则上安排在运营结束后，设备调度员根据当天的施工配合情况优先安排配合作业。

（5）当隧道通风系统施工作业计划和配合作业计划发生冲突或施工作业与正常运行发生冲突时，由当值设备调度员根据作业内容对行车安全的影响程度，对作业计划做出相应的调整。

（6）设备调度员应检查施工作业是否会影响车站排烟能力，如果影响排烟能力应中止作业，并在运营后再安排施工作业。

表 7-1　设备调度员施工计划统计表

1 号线 2018 年 1 月 15 日-1 月 21 日周施工行车通告（第 3 周）														
2018 年 1 月 15 日（星期一）														
	作业代码	作业类别	作业部门	作业日期	作业时间	作业项目	作业区域	停送电区域	施工领导人	请点车站	销点车站	计划类别	申报人	防护措施	施工注意事项及风险
1	1A2-15-01	A2	工务部	2018-1-15	23：59—次日 03:00	线路巡检	哈南站站—学府路站上下行	无	武超越 185××××××××	哈南站站	学府路站	周计划	王鑫	结路封锁	施工单位：工务部线路一工班 施工内容：线路巡检（K0+000—K5+900）。 施工负责人：无 施工人数：2 配合部门：无 工器具物料：巡道包 2 个 注意事项：穿戴好荧光衣，作业完毕后注意人员和工器具出清
2	1A2-15-02	A2	工务部	2018-1-15	23:20—次日 03:00	线路整改	哈达站—黑龙江大学站上下行	无	于宏庭 150××××××××	医大二院站	医大二院站	周计划	王鑫	线路封锁	施工单位：工务部线路一工班 施工内容：线路整改（上行 K3 20# 22#）。 施工负责人：无 施工人数：5 配合部门：无 工器具物料：道尺 1 个、大锤 1 个、撬棍 1 个、拉枪 1 个、垫片及轨距块若干 注意事项：穿戴好荧光衣，作业完毕后注意人员和工器具出清
3	1A2-15-03	A2	工务部	2018-1-15	23:20—次日 03:00	道岔保养及工信联调	哈南站站—哈达站上下行	无	于迪 185××××××××	哈南站站	哈南站站	周计划	王鑫	线路封锁	施工单位：工务部线路一工班 施工内容：道岔保养及工信联调（0101\0102\0103\0104\菱型）。 施工负责人：无 施工人数：3 配合部门：设备中心通号部 工器具物料：油壶 1 个、油刷 1 个、扁铲 2 个、道尺 1 个 注意事项：穿戴好荧光衣，作业完毕后注意人员和工器具出清
4	1A2-15-04	A2	工务部	2018-1-15	23：59—次日 03:00	线路巡检	理工大学站—工程大学站上下行	无	杨刘 186××××××××	烟厂站	学府路站	周计划	董双庆	线路封锁	施工单位：工务部线路二工班 施工内容：线路巡检（K5+650—K12+550）。 施工负责人：无 施工人数：2 人 配合部门：无 工器具物料：巡道包 2 个 注意事项：穿戴好荧光衣，作业完毕后注意人员和工器具出清

（7）运营期间设备调度员不能得到批准进入车站排烟风道、风室、隧道风机室及相关的风道进行施工作业。

（8）因设备故障或存在安全隐患，影响车站排烟能力时，应优先安排相关施工作业，确保车站排烟能力得到恢复和加强。

四、其他注意事项

（1）车站低压电气设备进行施工作业时，设备调度员应确认其作业时间是否在车站重要设备允许停电时间范围内，发现超时应立即中止作业的进行。

（2）消防水系统、气体灭火系统等设施的施工作业，设备调度员应与车站进行确认，确保车站清楚施工作业。

（3）设备调度员管辖范围内的其他设备进行施工作业时，设备调度员应与车站进行确认，确保车站清楚施工作业。

（4）遇重要设备施工作业在当班期间不能完成时，应确保进行交接班。

（5）隧道风机开启前，需确保相关区域无登高作业。

（6）隧道风机和排热风机开启前，需确保风道无人。

（7）环控设备施工作业后，如需设备调度员远程操作设备时，设备调度员需与现场确认是否具备远程开启条件，得到确认具备开启条件的回复后方可操作设备。

（8）环控设备检修作业前，设备调度员需提醒专业人员将设备打至就地位，防止出现远程误操作。

五、任务评价

根据以上学习内容，评价自己对本任务内容的掌握程度，在下表相应位置打“√”。

评价内容	差	合格	良好	优秀
对相关术语和定义掌握程度				
对环控检修管理规定的掌握程度				
对环控施工作业的掌握程度				
学习中存在的问题或感悟				

模块训练

任务训练单

班组：　　　　　　　　　　　　　姓名：　　　　　　　　　　训练时间：

任务训练单	环控系统相关作业
任务目标	掌握环控系统的功能，根据现场实际情况执行正确的环控模式，能编制和下发时间表
任务训练	控制权的下发、区间照明启停、区间火灾模式下发
任务训练一： （说明：总结作业流程，并在实训室进行实操训练或者上级在模拟软件上完成实操训练）	
任务训练二： （说明：总结作业流程，并在实训室进行实操训练或者上级在模拟软件上完成实操训练）	
任务训练的其他说明或建议：	
指导老师评语：	
任务完成人签字： 日期：　　年　　月　　日 指导老师签字： 日期：　　年　　月　　日	

模块小结

本模块讲述了环控施工作业规定、施工实施等相关知识。要掌握好环控施工作业，首先要掌握相关术语和定义、施工计划分类、调度标准用语等相关知识，需掌握就地设备功能、施工作业内容及影响、采取的措施以及如何降低施工影响。调度员需查看换掉台账及环控设备施工作业登记本，掌握环控设备的具体施工种类以及常见的施工，对施工作业内容有初步的了解。

模块自测

一、填空题

1. 引起消防联动的检修作业在作业前需提醒专业人员将 FAS 主机打至（　　　）状态。
2. 车站低压供电专业设备进行施工作业时，原则上应安排在（　　　）期间进行。

二、简答题

1. 简述机电设备检修管理规定。
2. 简述三级负荷的分类。

模块八　设备辨识

学习目标

1. 掌握环控设备相关知识。
2. 掌握照明设备相关知识。
3. 掌握给排水设备相关知识。
4. 掌握消防设备相关知识。
5. 掌握与环控相关其他设备相关知识。

技能目标

1. 能了解环控设备相关技术知识。
2. 环控设备发生故障时应急处理办法。

任务一　环控设备

一、相关知识

地铁运营有关建筑内通风空调系统设备等机电设备均为环控相关设备。对防排烟系统及正常模式下通风系统合用的设备进行合理控制，充分发挥各种设备应有的作用，可保证人员安全和设备的正常运行。

二、大系统

地铁车站大系统：一号线环控大系统由排风机及各类风阀、防火阀、风管组成；正常情况下大系统运行由设备调度员直接编辑时间表，按时间表自动运行，功能未实现时由设备调度员发令车站值班员站级操作来实现大系统的运行。车站的大系统由车站和设备调度员共同实时监控设备的运行。界面如图 8-1 所示。

车站大系统由 BAS 系统根据采集到的实时值（例如室外温度、湿度、焓值等）计算大系统的目标模式，自动控制大系统运行。

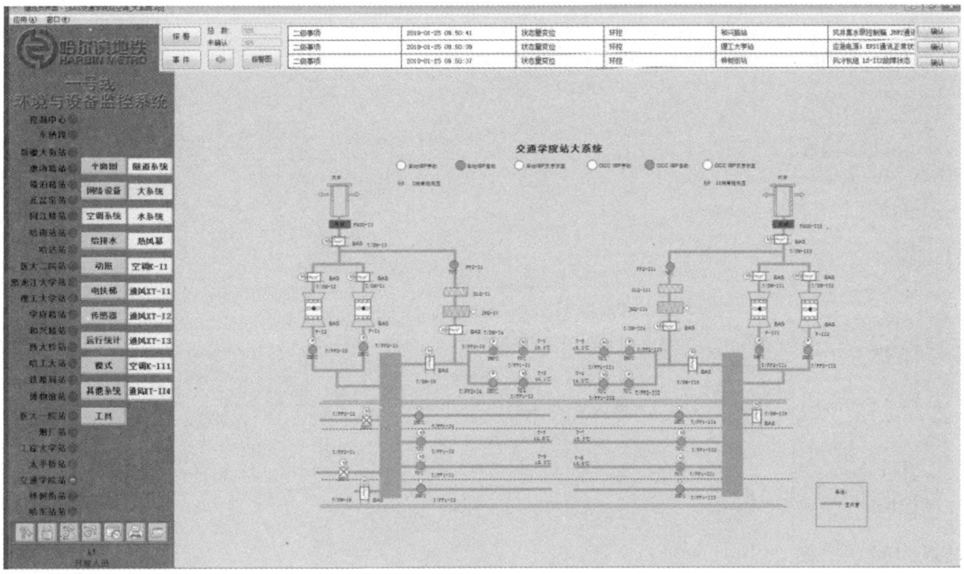

图 8-1

大系统正常运行时，可对车站公共区进行通风，改善站内的空气质量；紧急情况下，大系统可对车站公共区和区间隧道进行排烟，减少烟气的威胁，尽力保证乘客的安全。各站大系统由设备调度员按车站的实际需求选择模式发令执行。

三、小系统

（1）地铁车站小系统由新风机、空气处理机组、电加热器、回排风机及一系列的风阀组成。

（2）小系统正常运行时，可对车站设备区进行通风、降温和供暖，满足工作人员和设备需要；紧急情况下，小系统可对车站设备区进行排烟，减少烟气的威胁，尽力保证工作人员和设备的安全。

（3）当小系统设备出现故障时，组织维修人员尽快恢复，保证设备房的温湿度。

四、空调系统

（1）车站空调系统由风冷冷水机组、组合式空调机组成，空调水系统包括：空调水管路、冷冻水泵、定压补水装置、阀门等。

（2）空调水系统正常运行时，可为小系统空调机组提供冷水，满足设备区制冷需要；紧急情况下，空调水系统一般应退出运行，保证车站用电负荷。

（3）水系统的故障运行。

五、隧道通风系统

隧道通风系统组成：隧道通风系统由每个地下站站内的四台隧道风机和在局部区间设置的事故风机和射流风机以及一系列的组合风阀组成。界面如图 8-2 所示。

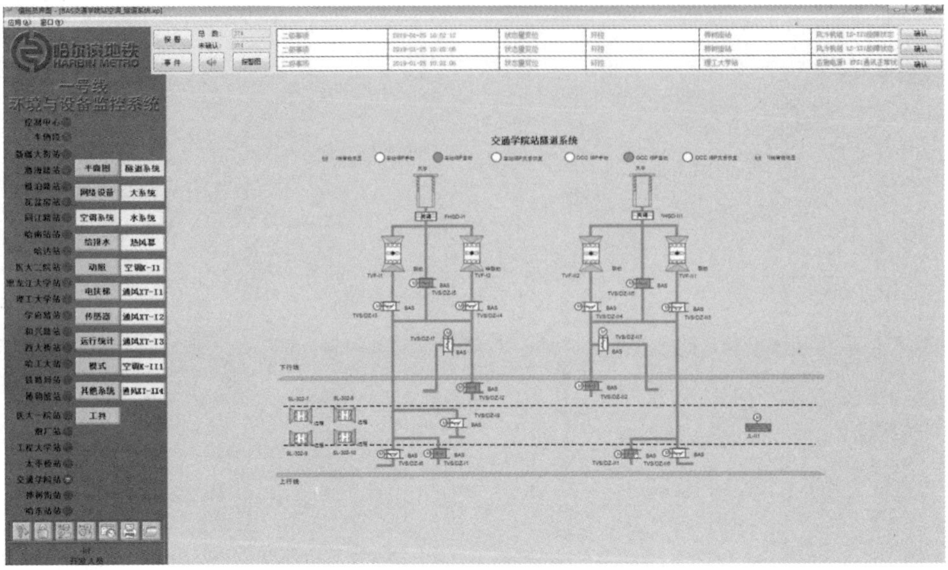

图 8-2

任务二　照明设备

一、相关知识

照明系统包括站台层，站厅层和设备及管理用房的环控、给排水、消防、电梯、自动扶梯、自动售票及通信、信号、车控室等系统动力设备的供配电和车站环控室所供配电设备的电控控制。

低压供电设备进行施工作业时，原则上应安排在非运营期间运行。如果低压供电专业的作业不影响设备正常运行（不断电）时，可以在运营期间非高峰时段进行。施工作业时，设备调度员应确认其作业时间是否在车站重要设备允许停电时间范围内，发现时应立即终止作业的进行。

界面如图 8-3 所示。

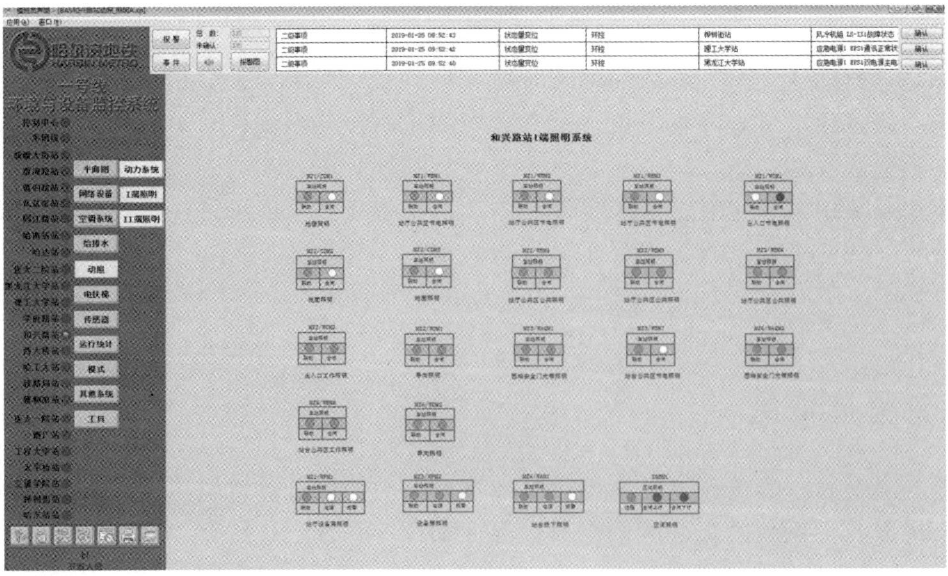

图 8-3

二、施工作业

所有设备调度员管辖范围内的设备进行施工作业时，设备调度员必须填好“环控设备施工作业登记表”，遇重要设备施工作业在当班期间不能完成时，应确保进行交接班。

负荷的分类如下。

1. 一类负荷

一类负荷包含通信系统、信号系统、牵引供电系统、电力监控系统、防灾报警系统、机电设备监控系统、安全门、自动售票检票、所内用电、消防泵、废水泵、事故风机及其风阀、站厅和站台照明、事故照明。

2. 二类负荷

由低压所低压柜其中一段母线馈出一路电源至设备附近的电源配电箱后再馈出给设备，当该段母线失压后，母线分段断路器（母联断路器，连接两端母线）自动合闸，可由另一端母线继续供电。二类负荷包括非事故风机及其风阀、排污泵、自动扶梯、设备区照明和管理区照明、楼梯升降机、民用通信电源、电伴热机组电源、维修电源。

3. 三类负荷

三类负荷指由变电所三类负荷总开关供电的设备，如热风幕设备、风冷机组、广告照明、热开水电源等。正常情况由一路电源供电，当该母线失压或故障时，中断供电，当电网只有一路电源供电时，也联跳中断供电。

三、注意事项

（1）严谨在运营事件进行影响应急照明的疏散站名的检修作业。
（2）严禁在运营时间进行影响设备供电的检修作业。

四、任务评价

根据以上学习内容，评价自己对本任务内容的掌握程度，在下表相应位置打“√”。

评价内容	差	合格	良好	优秀
负荷分类掌握程度				
对低压检修管理规定掌握程度				
学习中存在的问题或感悟				

任务三　给排水设备

一、相关知识

给排水为地铁范围内供应生活、生产用水及消防用水。
施工作业按施工作业地点和性质划分如表 8-1 所示。

表 8-1　施工作业划分表

A 类	影响正线、辅助线行车的施工	A1	在正线、辅助线，需要开行工程列车、电客车的施工
		A2	在正线、辅助线，不需要开行工程列车、电客车的施工
		A3	在车站、变电所、控制中心范围内，影响正线、辅助线行车设备运行的施工
B 类	影响车场的施工	B1	在车场范围内不需要开行电客车、工程列车的施工（不含库内电客车、工程车检修）
		B2	在车场范围内不需要开行电客车、工程列车但在车场线路限界内；影响接触网停电；在车场线路限界外 3 m 内种植树木、大间相关设施及影响车场行车的施工
		B3	车场内 B1、B2 以外的施工（综合部、食堂等生活办公设备设施维修除外）
C 类	在车站、变电所控制中心等范围内不影响行车的施工	C1	大面积影响客运或影响消防设备正常使用或需要动火的作业（含外单位进入变电所、通信设备房、信号设备房、环控电控室、照明配电室、蓄电池室、水泵房、其他气体灭火保护房内作业）
		C2	除 C1 外其他不影响行车的施工

（1）属于正常修程内的 A1、A2、A3、B1、B2、C1 类作业应纳入月（周）计划。

（2）属于 B3、C2 的作业，不需要提报计划（外单位需要归口管理部门签发“外单位施工作业许可单”），施工负责人直接到车站、车场、变电所、控制中心联系，办理请销点，经同意并做好防护后即可施工。

界面如图 8-4 所示。

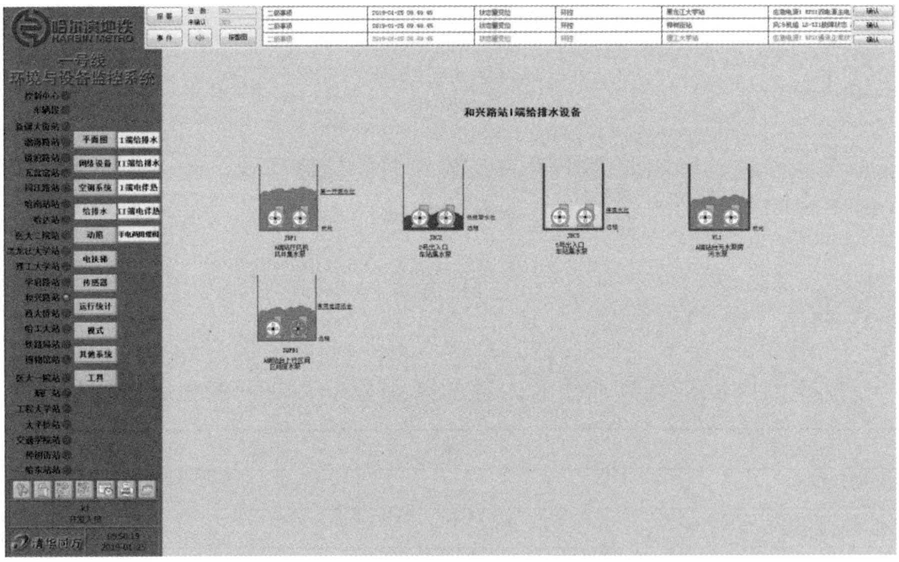

图 8-4

二、施工作业

（1）设备调度须审核 A1、A2、A3、B1、B2、C1 类涉及机电类的施工，遇重要设备施工作业在当班期间不能完成时，应确保进行交接班作业。

（2）根据给排水施工作业的性质审批作业，如给排水施工作业为 A 类请销点流程由行车调度员审批，但作业前需经过设备调度员的同意。

三、注意事项

（1）当出现超高水位报警时，严禁关闭水泵进行检修。
（2）当出现超低水位报警时，严禁开启水泵。

四、任务评价

根据以上学习内容，评价自己对本任务内容的掌握程度，在下表相应位置打“√”。

评价内容	差	合格	良好	优秀
对施工性质判断的掌握程度				
对给排水施工作业流程掌握程度				
对给排水作业影响的掌握程度				
学习中存在的问题或感悟				

任务四　消防设备

一、FAS 系统的检修

（1）运营期间 FAS 系统需要进行施工作业时，应确保车控室能够监视到全站除施工作业点之外的火灾报警情况。

（2）运营期间 FAS 系统不能进行软件下载或更新作业。

（3）运营期间一般不安排大面积影响火灾报警功能的 FAS 系统的检修作业。

（4）运营期间需要进行 FAS 系统的检修作业时，须做好安全防护措施，并确保不影响其他系统或设备的运行。

① 引起火灾报警的检修作业在作业前必须将 FAS 主机打至手动状态。

② 联动其他设备的检修作业在作业前必须屏蔽联锁功能。

FAS 手动位确认处理记录表如图 8-5 所示。

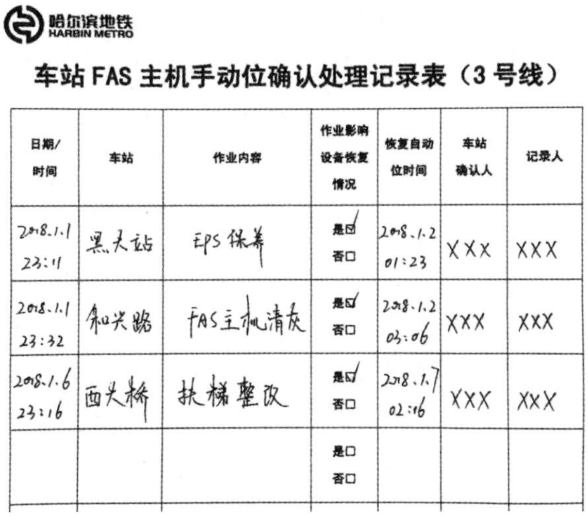
哈尔滨地铁 HARBIN METRO

车站 FAS 主机手动位确认处理记录表（3 号线）

日期/时间	车站	作业内容	作业影响设备恢复情况	恢复自动位时间	车站确认人	记录人
2018.1.1 23:11	黑大站	EPS保养	是☑ 否□	2018.1.2 01:23	XXX	XXX
2018.1.1 23:32	和兴路	FAS主机清灰	是☑ 否□	2018.1.2 03:06	XXX	XXX
2018.1.6 23:16	西大桥	扶梯整改	是☑ 否□	2018.1.7 02:16	XXX	XXX
			是□ 否□			

图 8-5

二、FAS系统的施工作业安排

FAS系统需要进行中断中央通信网络的作业时，设备调度员应征得值班主任同意再通报三号线一期各站，在各站确认已经取得控制权后，方可允许施工作业的进行。

运营期间FAS系统需要进行单个设备检修或更换时，由作业人员进行现场防护，确保不影响其他设备的运行。

三、注意事项

（1）引起消防联动的检修作业在作业前需要提醒专业人员将FAS主机打至手动位状态。

（2）作业结束后必须将屏蔽的设备恢复正常。

四、任务评价

根据以上学习内容，评价自己对本任务内容的掌握程度，在下表相应位置打“√”。

评价内容	差	合格	良好	优秀
对FAS检修管理规定的掌握程度				
对自动化作业流程的掌握程度				
学习中存在的问题或感悟				

任务五　其他设备

一、无线调度台

调度台主要包括：菜单、工具栏、状态栏、图形显示对话框、用户组对话框、回呼请求对话框、紧急告警对话框、多选/派接对话框、组呼对话框、单呼对话框、手动转组对话框、动态重组对话框、电话呼叫对话框、事件日志对话框、组呼记录对话框、电台状态显示对话框、短信对话框、预定义短消息对话框。

二、无线调度台使用

1. 单呼功能

若当前软件主界面没有显示单呼度画框，可以点击“视图”菜单的“单呼”子菜单，软件界面显示单呼对话框。在单呼对话框中，“选择→单呼叫目标（也可以在被叫下拉框中输入被叫号码）”。

2. 组呼功能

组呼对话框是对话框的名称及当前选中的通话组，如果只显示“组呼”，则说明当前没有选择任何通话组。如果当前通话组没有处于主选监听状态，则优先点击“选择”按钮。

3. 紧急呼叫功能

当需要对某个通话组发起紧急呼叫时，可点击“组呼”→对话框“紧急呼叫”按钮。界面如图 8-6 所示。

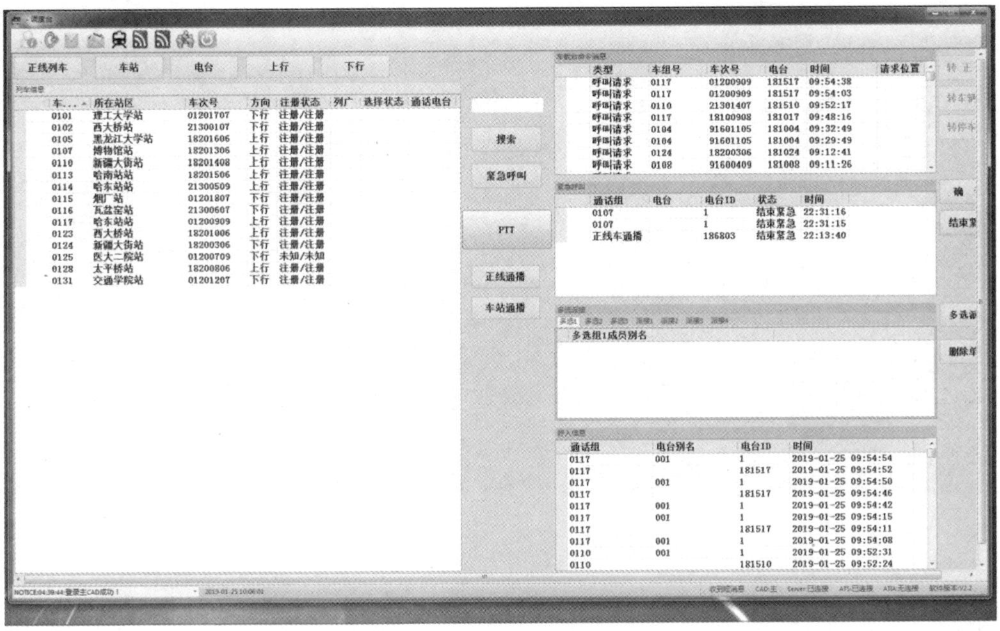

图 8-6

三、注意事项

非紧急情况，切勿使用紧急呼叫功能。

四、CCTV 相关知识

闭路电视监控系统能在人们无法直接观察的场合，实时、形象、真实地反映被监视控制对象的画面，并已成为人们在现代化管理中监控的一种极为有效的观察工具。由于它具有只需一人在控制中心操作就可观察许多区域，甚至远距离区域的独特功能，所以被认为是保安工作必须采取的手段。

闭路电视监控系统能提供某些重要区域近距离的观察、监视和控制。系统符合国家有关技术规范。一般在系统应设置电视摄像机，以实现全方位监控。系统的主要设备应配置有电视监视器、时滞录像机和画面处理器等，使用户能调看任意一个画面和遥控操作任意一台有遥控功能摄像机的云台和变焦功能。

闭路电视（又称 CCTV）监控系统是安防领域中的重要组成部分，系统通过摄像机及其辅助设备（镜头、云台等），直接观察被监视场所的情况，同时可以把监视场所的情况进行同步录像。另外，电视监控系统还可以与防盗报警系统等其他安全技术防范体系联动，使用户安全防范能力得到整体的提高。

它可以通过遥控摄像机及其辅助设备（镜头、云台等）直接还原被监视场所的一切情况，可以使被监视场所的情况一目了然，且提供录像可供工作人员事后查询和分析。同时，电视监控系统还可以与防盗报警系统，门禁系统等其它安全技术防范体系联动运行，使其防范能力更加强大。

界面如图 8-7 所示。

图 8-7 视频管理界面

五、视频切换显示

（1）通过监视器监视本站站厅、站台、自动扶梯、出入口、票务室等处的情况。

（2）控制中心调度员可以通过监视器监视权限内各站的站厅、站台、出入口等处情况。

（3）支持多用户监控同一画面，档各车站/车辆段/停车场值班员访问同一摄像头时，可以选择本站任一摄像机的图像并在监视器上显示，图显示顺序既能用各种时序自动循环切换，也能由操作人员手动切换。

六、注意事项

（1）在进行视频回放时，需尽量缩短查找时间，突出查找速率。

（2）根据 CCTV 现场实际布局，合理调配 CCTV 显示。

七、任务评价

根据以上学习内容，评价自己对本任务内容的掌握程度，在下表相应位置打“√”。

评价内容	差	合格	良好	优秀
对 CCTV 切换掌握程度				
对 CCTV 回放功能掌握程度				
对无线调度台掌握程度				
对无线调度台功能掌握程度				
学习中存在的问题或感悟				

模块训练

任务训练单

班组： 姓名： 训练时间：

任务训练单	故障应急处理相关内容
任务目标	掌握设备调度员管辖设备故障的处理流程
任务训练	请从下列任务中任选两项进行训练：空调机组故障、排烟风机故障、水泵故障、FAS/BAS监控系统通信中断、烟感故障等
任务训练一： （说明：总结作业流程，并在实训室进行实操训练或者上机在模拟软件上完成实操训练）	
任务训练二： （说明：总结作业流程，并在实训室进行实操训练或者上机在模拟软件上完成实操训练）	
任务训练的其他说明或建议：	
指导老师评语：	
任务完成人签字： 日期： 年 月 日 指导老师签字： 日期： 年 月 日	

模块小结

本模块描述了设备调度员管辖设备出现故障时的处理流程，特别强调当发现设施设备故障时，设备调度员的首要原则是及时调整环控设备，降低故障影响，及时通知专业人员前往现场处理。要学好本模块的相关内容，需要设备调度员加强调度经验积累，充分发挥团队协作、大局观、应变处理能力。

模块自测

一、填空题

1. 当车站水系统故障，车站不能供冷时，设备调度员应立即组织人员进行（　　　）。

2. 车站环控大系统出现故障时，设备调度员第一时间应通过调度现有环控设备满足车站的（　　　）要求，力求将对乘客服务的影响降到最低。

3. 隧道风机操作保护，隧道风机运行时间每次不得少于（　　）min，送、排风转换间隔时间不得小于（　　）min，并且 1 h 内的启动不能超过（　　）次。

二、简答题

1. 简述大系统故障运行规定。
2. 简述 BAS 系统中央与车站中断的设备调度员处理流程。
3. 简述隧道风机的故障运行规定。
4. 简述水系统的故障运行规定。
5. 简述 FAS 系统中央与车站中断的设备调度员处理流程。

任务六　主变电所

相关知识

一、相关知识

（一）主变电所设备组成

哈尔滨地铁主变电所设备主要由 66 kV 六氟化硫 GIS 组合电器、66/35 kV 主变压器、接地变压器和接地电阻柜、SVG 无功补偿装置、35 kV GIS 开关柜、所用变压器、线路保护及测控柜等组成。地铁 1 号线设置两座主变电所，即电表厂主变电所和太平桥主变电所，其中电表厂主变电所的主变压器为两台六氟化硫气体变压器，太平桥主变电所的主变压器为两台油浸式变压器。

主变电所 66 kV 进线隔离开关、接地刀以及主变高压侧分接开关、高压侧中性点属供电局调度管辖。除供电局调度管辖以外的主变电所供电设备均为设备调度员管辖。66 kV 主变电所进线开关，66 kV 桥开关操作必须事先得到供电局调度当值调度员的同意方可进行。

（二）主变压器

在正常运行方式下，主变电所内的两台主变压器分裂运行，各自承担供电范围内的负荷用电。正常情况下主变压器能够连续带负荷运行，事故运行方式下，主变压器可过载 20% 运行 2 h。

电表厂主变电所是两台六氟化硫气体变压器，如图 8-8 和 8-9 所示。

图 8-8　六氟化硫气体变压器（1）

图 8-9　六氟化硫气体变压器（2）

（三）66 kV 六氟化硫 GIS 组合电器

66 kV 六氟化硫 GIS 组合电器将 66 kV 线路开关、桥开关和相应的接地隔离开关、隔离开关、互感器组合到气室内，并采用六氟化硫气体作为绝缘和灭弧的一种高压电气设备，如图 8-10 所示。

图 8-10　六氟化硫 GIS 组合电器

（四）SVG 无功补偿装置

SVG 无功补偿装置，是采用电力电子器件，主动发出与系统无功幅值相等、大小相反的无功功率，以抵消系统无功，实现功率因数补偿的无功补偿装置。如图 8-11 所示。

（a）　　　　（b）

图 8-11　SVG 无功补偿装置

任务七　站下变电所

一、相关知识

（一）站下设备组成

牵引降压混合变电所的一次设备主要包括 35 kV 开关柜、35 kV 电缆及母线、DC 1 500 V 开关柜、1 500 V 电缆及母线、0.4 kV 开关柜、0.4 kV 电缆及母线、整流变压器、35/0.4 kV 动力变压器、整流器、排流柜等。二次设备主要包括控制信号盘、交直流屏、钢轨电位限制装置等。

（二）整流变压器

单台整流变压器为 12 脉波整流变压器，两台整流变压器并联运行构成等效 24 脉波整流变压器。

整流变压器正常运行时，接触网分区内两套整流机组并联运行，接触网越区隔离开关打开，与相邻两牵引变电所构成双边供电方式，共同向供电范围内的接触网供电。

整流变压器如图 8-12 所示。

图 8-12　整流变压器

（三）直流开关柜

1 500 V 直流开关柜分为馈线柜、进线柜、负极柜和端子柜四种类型，馈线开关柜内设直流断路器手车；进线柜内设直流断路器手车；负极柜内设手动隔离开关及框架保护，如图 8-13 所示。

图 8-13　直流开关柜

（四）轨电位装置

钢轨电位限制装置用于室内安装，由接触器、晶闸管回路、测量和操作回路、信号接口模块、保护装置、防凝露加热器、状态显示设备等组成。轨电位装置如图 8-14 所示。

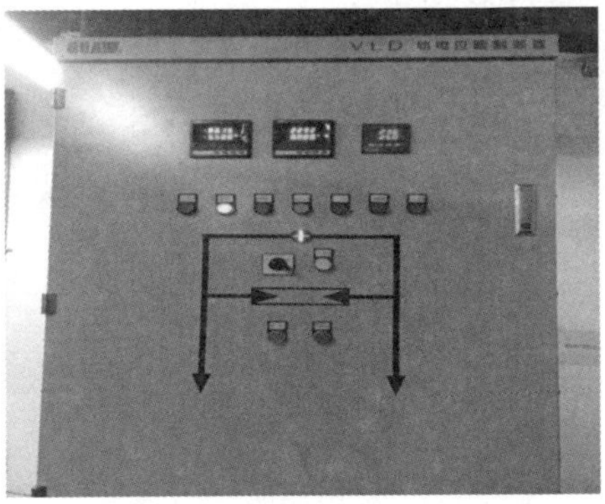

图 8-14　轨电位限制装置

（五）负极柜

负极柜是直流柜的组成部分之一。负极柜采用手动隔离开关，开关柜前部设两个可锁住的金属门。上部有一个控制元件室，另外还设有一个电缆接线室。全所设两套装于负极柜内的低阻抗框架泄漏保护，框架泄漏保护由一个电流元件和一个共用的电压元件组成。负极柜如图 8-15 所示。

图 8-15　负极柜

（六）0.4 kV 开关柜

低压开关柜为封闭式户内成套设备，其功能为向地铁全线所有低压用电设备供电，0.4 kV 开关柜如图 8-16 所示。

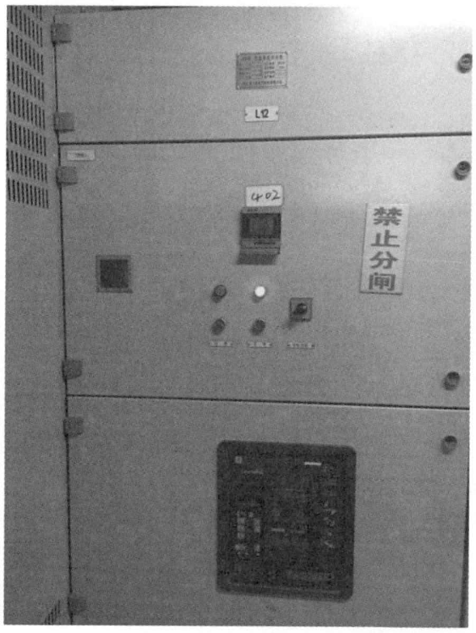

（a）

（b）

图 8-16　0.4 kV 开关柜

（七）交直流屏

交流屏本质上就是低压配电柜，交流进交流出，一般与直流屏配套，给直流屏和配电室提供电源分配；直流屏是把交流整成直流给电池充电，同时为高压开关在正常运行和事故状态下的分合闸、继电保护、自动控制、事故照明等提供直流电源。

模块训练

<table>
<tr><td>任务训练单</td><td>设备操作相关作业</td></tr>
<tr><td>任务目标</td><td>掌握有线调度台、SCADA 系统、CCTV 系统的操作，掌握现场设备相关的基础知识，能根据综合监控设备的显示了解设备运行情况和设备状态，能够对常见变电所设备进行辨识</td></tr>
<tr><td>任务训练</td><td>请从下列任务中选择其中的两个进行训练：有线调度台的操作、SCADA 系统的操作和 CCTV 系统的操作</td></tr>
<tr><td colspan="2">任务训练一：
（说明：总结作业流程，并进行模拟实操训练或者在跟岗过程中完成实操训练）</td></tr>
<tr><td colspan="2">任务训练二：
（说明：总结作业流程，并进行模拟实操训练或者在跟岗过程中完成实操训练）</td></tr>
<tr><td colspan="2">任务训练的其他说明或建议</td></tr>
<tr><td colspan="2">指导老师评语：</td></tr>
<tr><td colspan="2">任务完成人签字：
日期：　　年　月　日
指导老师签字：
日期：　　年　月　日</td></tr>
</table>

模块小结

本模块将讲述了有线调度台、SCADA 系统、CCTV 系统的功能、作用、操作和常见的现场设备基础知识等。在遇到故障和突发事件时，通过更好、更快地使用现有设备，将影响降至最小并第一时间掌握现场情况。

模块自测

一、填空题

1. 有线调度台由以下几部分组成：(　　)(　　)(　　) 右功能键区、(　　) 和 (　　)。

2. 数据通信层实现变电所内管理层与基础设备层之间的通信，包括 (　　)(　　)(　　) 等设备。

3. SCADA 系统三摇一控功能中三摇分别是 (　　)(　　)(　　)。

4. 系统遥控功能，即在系统中心级对接入系统的 (　　) 可遥控的对象进行合分遥控。

5. 系统满足指挥中心任意 (　　) 台工作站不能同时控制操作同一个变电所设备。

6. 操作记录内容包括设备调度员标识、(　　)、命令发出时间、遥控性质、(　　) 等。

7. 顺序控制是按照一定顺序和条件执行的一系列遥控操作。顺控种类分为：(　　)(　　)。

二、简答题

1. 简述 SCADA 系统的主要功能。

2. 简述 CCTV 的功能。

3. 简述站下变电所常见的一次设备和二次设备都有哪些。

模块九　突发事件处理

学习目标

1. 掌握列车故障应急处理流程。
2. 掌握区间消防水管爆裂漏水处理流程。
3. 掌握火灾发生时的调度规定。
4. 掌握火灾情况下作业要点和标准。

技能目标

1. 在轨道交通出现事件、事故时，能按“先通后复”的原则处理。

2. 在事件、事故危及员工、乘客的生命安全时（含在处理过程中出现的事件、事故），能按照相应应急程序执行，实施“先救人、救人与处理事件同步进行”的原则。

任务一　火灾类

一、相关知识

火灾发生时的调度规定如下。

（1）设备调度员在接到报警后，应沉着冷静，根据接收到的火灾现场报告信息尽快做出分析判断。对于含糊不清的信息，应询问清楚。

（2）设备调度员将情况立即报告给值班主任，由值班主任制定应急方案，并向各调度下达命令。各调度应在值班主任的指挥下，协同进行相应的调度作业。

（3）设备调度员应根据应急方案，向有关车站设备值班员下达人员疏散、送排风、事故风机运行、灭火作业等相关命令。

（4）设备调度员应随时与在火灾现场的人员保持联系，及时掌握现场动态和救灾活动并及时通报值班主任。

二、火灾区域的分类

（一）站厅、站台

站厅、站台为人员主要聚集的场所，均装有感烟探测器、手动报警按钮。主要消防设备为消火栓。

（二）上、下行车站轨道

车站内的上下行正线线路（轨道）为列车停靠点，轨道上部和下部均装有排烟系统。

（三）重要设备房

重要设备房一般都有气体灭火系统保护，一般为车站的环控电控室、综合弱电机房、弱电电源室、公安和消防无线通信机房、商用无线通信机房、主控室、35 kV 开关柜室、0.4 kV 开关柜室等。

（四）一般设备房

不受气体灭火系统保护的设备房，一般装感烟探测器，如环控机房、车控室，站长室，站务员休息室等。

（五）区间隧道

一般未装火灾探测器，由司机向行车调度员或车站报告火灾，隧道内设有消火栓、手动报警按钮、插孔电话。

（六）客　车

客车内的部分座位下面设置手提式灭火器。

三、事故现场的火灾报警

下面几种情况设备调度员必须立即执行火灾处理程序。

（1）当车站站厅、站台发生火灾报警时，设备调度员可通过 CCTV 辅助观察站厅、站台实情，确认火灾事故的发生。

（2）当施工作业区域发生火灾报警时，设备调度员也可以直接联系现场人员确认火情。

（3）火灾事故一旦被证实后，车站值班员应迅速通过无线对讲机或就近的电话，向指挥中心报告灾情。

（4）列车火灾时，设备调度员应了解清楚列车所在区间、位置、火灾车厢号以及人员疏散方向。

四、车站站台、站厅火灾的处理

（1）站厅或站台发生火灾时环控大系统要立即执行站厅火灾模式或站台火灾模式。

（2）当 FAS、BAS 系统能够自动执行火灾模式时，应采用自动执行方式执行火灾模式，不进行人工干预。

（3）当确认火灾发生后 BAS 系统未能自动执行火灾模式时，设备调度员应下令车站手动执行相应火灾模式。

五、车站设备用房发生火灾的处理

（1）设备区分不同的防火排烟分区，当发生火灾时，小系统要执行对应的防火排烟分区的火灾模式。

（2）设备区发生火灾，如果不影响环控大系统运行时，大系统正常运行。

（3）当设备区发生火灾的区域或部位影响到环控大系统运行时，根据受影响情况关闭部分大系统。

（4）当设备区火灾严重影响车站供电或设备运行时，应立即停止所有大、小系统的运行但必须尽量执行对应的小系统火灾模式。

（5）重要机电设备房或车站牵引、降压变电所等电力房间或设备发生火灾时，气体灭火系统启动灭火程序进行灭火。气体灭火系统喷气前必须关闭该区域的所有防火阀。

六、列车火灾的处理

（1）列车在站内发生火灾，设备调度员应按站台火灾进行处理。

（2）列车在区间隧道发生火灾。

（3）列车在行驶中发生火灾，司机在向指挥中心或车站报告的同时，应尽量将列车开往前方车站停靠，列车到站后按列车在车站站台内发生火灾的程序处理。

（4）列车在区间无法行驶，并且乘客疏散路径为单向时，设备调度员应根据值班主任命令启动该站预设的隧道风机运行模式向隧道送风；同时该站成为火灾主要现场，一切救灾措施以该站为主，另外一端车站事故风机启动预设的排烟模式。

（5）隧道通风系统的控制着火区间内的气流方向与多数乘客疏散方向相反。

（6）司机或现场人员没有特别说明，每节列车上的乘客数要均等计算。

（7）为确保区间隧道火灾通风排烟效果，除用作乘客疏散的路径外，其他的门、屏蔽门均应最大限度地保证关闭以防止气流短路的现象。

（8）当乘客疏散路径为双向时，设备调度员应根据值班主任命令启动预设的隧道风机运行模式启动隧道风机。

（9）当设备调度员无法判断列车火灾位置时应根据值班主任命令启动隧道风机，送风方向与行车方向一致的方向送风。

（10）一旦列车在区间内发生火灾，设备调度员必须紧密联系现场，尽量了解现场情况，确保指令发布的正确性。

（11）执行相应火灾模式后，了解到送风方向与送风原则相违背的，应立即中止先前运行模式，并在设备功能所能达到的最短时间内执行正确的火灾模式（送风原则：隧道通风系统的控制着火区间内的气流方向与多数乘客疏散方向相反）。

（12）列车于站台或区间隧道发生火灾时，司机为现场第一责任人；当事司机需通过通信设备向临近车站的值班站长明确表明当前火情是否需要 119 消防的支援，如需要，则由临近车站的值班站长拨打 119 消防电话。

七、火灾情况下作业要点和标准

（一）火灾探测器报警应急处置流程

当火灾探测器（烟感、温感、光束探测器等）报警，车站回复现场确有火情发生时，当值设备调度员必须按照各位置设备联动情况检查相应设备以确保设备运转正常，当联动设备故障时立即通知生产调度，若现场联动风机、风阀等重要设备未按照模式启动，设备调度员应确认联动风机房内无人情况下尝试单控启动，当设备仍无法启动时，设备调度员需立即通知并督促生产调度派工班人员达到现场处理，当涉及区间隧道的火灾时，设备调度员需注意送风方向一定要与人员逃生方向相反。火灾扑灭后，设备调度员按照现场人员的要求或者实际情况进行设备恢复工作。

（二）列车位于隧道内起火应急处置流程（见图 9-1）

1. 情况 1

列车中部着火且停在近前方车站（与行车一致的方向送风）。

2. 情况 2

列车头部着火且停在区间任意位置（与行车一致的方向送风）。

3. 情况 3

列车中部着火且停在区间中部（与行车一致的方向送风）。

4. 情况 4

隧道内的一切情况均不清楚时按与行车一致的方向送风）。

5. 情况 5

列车尾部着火且停在区间任意位置（与行车相反的方向送风）。

6. 情况 6

列车中部着火且停在近后方车站（与行车相反的方向送风）。

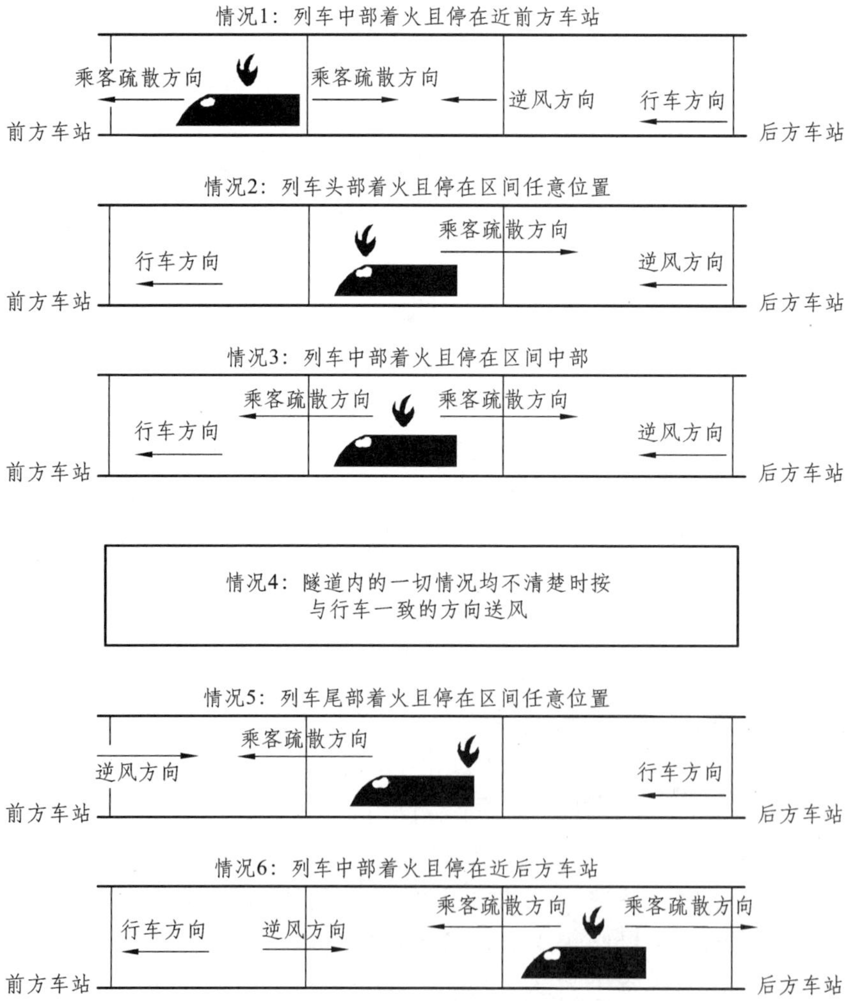

图 9-1 列车位于隧道内起火应急处置流程

（三）车辆段发生探测器报警时

车辆段发生探测器报警时，设备调度员必须通知生产调度派人确认，同时与车辆段消控室进行联系，积极询问现场情况及设备联动情况，当现场火灾被确认时，设备调度员需对正线车站 BAS 及 FAS 系统进行全面监控，防止设备受到影响，同时设备调度（维修）发送企信通，并积极跟进现场情况直至火灾被扑灭。

（四）由于天气原因导致水管爆裂时的操作流程

（1）设备调度员立即通知生产调度派人处理，设备调度（维修）发布应急信息

（2）设备调度员立即通知车站关闭该站区间的消防电动蝶阀，并派人现场确认，当 BAS 远程控制失效通知车站人员现场手动关闭。

（3）关闭该站区间消防电动蝶阀后，漏水依然严重，设备调度员立即通知车站关闭消防泵房蝶阀（市政进水），通知车站观察漏水是否减少。

（4）当漏水仍未减少时，判断原因是市政进水管道到车站消防泵房管道一截漏水，应立即通知车站工作人员到车站外市政进水处，关闭进水出蝶阀（车站工作已经通过培训了解蝶阀所在位置）。

（5）听从现场总指挥命令进行相应操作，设备调度（维修）及时跟进相应应急信息。

（五）大面积停电时具体操作流程

（1）当发生大面积停电时，设备调度（维修）通知 AFC 生产调度，设备调度员立即通知生产调度，并在 BAS 上将关停所有系统模式，防止对设备损坏。

（2）设备调度员密切监控所有车站 FAS 系统，发现有烟感报警等立即派人查看，并通知供电工班及设备调度便于排除并查找故障。

（3）供电系统恢复后，听从总指挥命令，询问是否恢复设备。

（4）恢复设备时，一定与现场人员沟通，设备检查无问题后一次恢复设备。

（5）设备调度（维修）发布应急信息。

（六）当 BAS 系统各个模式显示“0”时的相应操作

（1）立即通知生产调度派人处理，设备调度（维修）发布应急信息。

（2）设备调度员运营期间首先恢复车站照明系统。

（3）设备调度员恢复车站通风系统、水系统等系统并与车站核实。

（4）当工班到达现场后检查现场设备情况并查找原因。

（七）大风机故障且需要开启时设备调度员的操作规程

全线车站除和兴路、医大一院均配置四台大系统风机，和兴路、医大一院配备三台大系统风机，当某一车站部分大系统风机故障时，且有领导检查或需要开启公共区某一位置排风。

（1）通知生产调度派人处理。

（2）设备调度员在模式表中选择大系统 1101，大系统风机全开模式，保证正常的风机及风阀开启。开启时注意询问风机房内是否有人。

（八）火灾状态下设备联动部分失败情况下的处理

火灾状态下设备联动部分失败设备调度员应通知生产调度派人处理，对于闸机、PIS 等设备也需通知相关车站人员进行配合。当 BAS 没有执行联动模式，设备调度员询问车站具体位置后，手动在 BAS 上执行相应的火灾模式，当在 BAS 上失效时，设备调度员通知车站在 IBP 盘执行相应火灾模式，如果 IBP 盘也失效时，设备调度员通知现场机电人员按照相应火灾模式表开启相应风机及风阀。

八、列车故障应急处理

（一）列车在区间阻塞

（1）ATS 发出列车区间停车的报警后应立即向行车调度员进行确认。

（2）BAS 系统自动执行隧道阻塞通风模式，当发现 4 min 内模式无法自动启动时，应立即手动执行隧道阻塞通风模式。

（3）列车离开区间后复位报警信号，恢复正常运行模式。

（二）需要立即到区间抢险的几种情况

（1）区间高水位报警。

（2）司机发现区间有积水并将淹到道床。

（3）区间水泵电源故障。

（4）区间主、备水泵全部故障。

（三）区间水泵抢险注意事项

（1）必须在抢险程序规定时间内组织抢修人员到达预定车站。

（2）必须清楚确认需要进入区间的抢险人员人数。

（3）必须确认抢险人员带齐防护用品。

（4）出发前需要测试抢险人员的对讲设备。

（5）抢险人员进、出区间过程由行车调度员指挥，设备调度（维修）每隔 15 min 与维修人员联系一次并报行车调度员。

（6）区间发生一台水泵故障或故障暂时不影响区间排水能力时，维修工作应安排在当天运营结束后组织人员抢修。

九、区间消防水管爆裂漏水

（1）区间发生消防水管爆裂时，设备调度员应立即通过 BAS 工作站关闭车站站台两端相应的手电两用碟阀，如果 BAS 控制失效，立即通知设备调度（维修）安排给排水专业维修人员现场关闭车站站台两端相关区间消防水管手电两用蝶阀，需要进入轨行区时，由设备调度（维修）向行车调度员提出配合的请求，协调并组织现场的抢修作业。当设备调度员发现 BAS 车站信号与 OCC 反馈信号不符时，应要求车站相关人员到车站设备房确认设备状态后再回复。

（2）加强对区间水泵的监控，确保区间水泵排水正常，漏出的水能迅速排清。

（3）立即通知相关部门组织抢修准备，必要时立即组织抢修。

（4）立即制定该区间发生火灾时的后备应急方案，确保该区间的消防能力。

（5）如果爆管事故不影响区间行车安全，视情况可以安排给排水维修人员运营结束后再进行抢修作业。

十、现场设备误报警处理

（一）同一防火分区内火灾探测器误报

1. 情况1：单个烟感、温感报警（无火情）

（1）通过FAS或其他方式得到火灾报警信息后，第一时间与相应车站取得联系，并要求车站组织人员前往现场确认，同时通知值班主任、生产调度、各调度员，设备调度（维修）发布企信通。

（2）当现场人员回复“现场无火情”时，设备调度员应立即恢复设备。

（3）设备调度员通知车站将FAS主机打至手动位，在BAS系统报警车站“工具控制栏中”点击“灾后恢复”。

（4）设备调度员点击空调系统进行隧道、大、小系统的复位，如果仍不能对模式进行控制，则在相应系统内点击“灾后恢复”后重新进行操作。同时设备调度员在FAS工作站上进行“火灾复位”工作，如需要现场就地复位的防火阀需要通知工班人员现场恢复。

（5）设备调度（维修）询问车站PIS、闸机等设备是否恢复正常，现场有无异常，同时发送企信通，恢复车站FAS工作站自动位。

2. 情况2：同一防火分区两点及以上报警无火情（如：两个烟感、烟感和温感、烟感和手报、温感和手报）

（1）通过FAS或其他方式得到火灾报警信息后，第一时间与相应车站取得联系（两点报警后车站会进行切非，设备调度员必须确认车站照明情况及直梯是否困人），并要求车站组织人员前往现场确认，同时通知值班主任、生产调度（AFC调度）、各调度员，设备调度（维修）发布企信通。

（2）当现场人员回复“现场无火情”时，设备调度员应立即恢复设备。

（3）设备调度员通知车站将FAS主机打至手动位，在BAS系统报警车站“工具控制栏中”点击“灾后恢复”，设备调度员点击空调系统进行隧道和大、小系统的复位，如果仍不能对模式进行控制，则在相应系统内点击“灾后恢复”后重新进行操作。

（4）设备调度员应积极询问供电工班位置，到达现场后第一时间恢复车站照明情况。

（5）设备调度员通知各专业检查各自设备并恢复，确认所有设备恢复正常后设备调度员对警报探测器进行复位，通知车站将FAS主机打至自动位。设备调度（维修）发布企信通。

3. 情况3：气灭房间气体误喷（可能存在三种烟感和温感的同时报警、门外气体释放按钮被按下、气瓶间人物误操作）

（1）设备调度员发现气灭房间探测器、手报报警时，立即通知车站人员到现场确认，提醒30 s后房间会喷气（通常情况下车站人员到达现场、反应时间等会超过30 s，气灭会喷洒）。同时通知值班主任、生产调度各调度（AFC调度最容易忽略）。

（2）设备调度（维修）通过CCTV观察设备房间情况，发送企信通。

（3）当车站回复现场无火情、气灭勿喷时，设备调度员首先通知车站将FAS主机打至手动位，设备调度（维修）观察车站闸机、PIS 等设备是否恢复正常，设备调度员通知生产调度及现场工班人员将勿喷房间防火阀就地开启。

（4）确认防火阀开启后，在保证风机房无人的情况下，开启排风机进行排烟工作。

（5）当设备房间内烟排净后，设备调度员在 FAS 上复位火灾报警，设备调度（维修）发布企信通。所有设备恢复正常后，设备调度员通知车站将车站 FAS 主机打至手动位。

4. 情况 4：车站手报被误碰

（1）通过 FAS 或其他方式得到火灾报警信息后，第一时间与相应车站取得联系，并要求车站组织人员前往现场确认，同时通知值班主任、生产调度、各调度员，设备调度（维修）发布企信通。

（2）当现场人员回复：现场无火情时，设备调度员应立即恢复设备。

（3）设备调度员通知车站将 FAS 主机打至手动位，在 BAS 系统报警车站“工具控制栏中”点击“灾后恢复”。

（4）设备调度员点击空调系统进行隧道和大、小系统的复位，如果仍不能对模式进行控制，则在相应系统内点击“灾后恢复”后重新进行操作。同时设备调度员在 FAS 工作站上进行“火灾复位”工作，如需要现场就地复位的防火阀需要通知工班人员现场恢复。

（5）设备调度（维修）询问车站 PIS、闸机等设备是否恢复正常，现场有无异常，由于手报报警后设备不可消除，必须等到工班人员对现场手报进行更换、确认手报不再次报警后，通知车站将 FAS 主机打至自动位。设备调度（维修）发布企信通。

十一、任务评价

根据以上学习内容，评价自己对本任务内容的掌握程度，在下表相应位置打“√”。

评价内容	差	合格	良好	优秀
对 FAS 构成功能的掌握程度				
对火灾应急处理流程的掌握程度				
学习中存在的问题或感悟				

任务二　自然灾害类

一、相关知识

自然灾害是指给人类生存带来威胁或损坏人类生活环境的自然现象，包括大风、冰雪、大雾、暴雨等。

二、大风天气

大风响应：大风（除台风外）预警信号分四级，分别以蓝色、黄色、橙色、红色表示。

1. 蓝色预警信号

24 h 内可能受大风影响，平均风力可达 6 级以上，或者阵风 7 级以上；或者已经受大风影响，平均风力为 6 ~ 7 级，或者阵风 7 ~ 8 级并可能持续。

2. 黄色预警信号

12 h 内可能受大风影响，平均风力可达 8 级以上，或者阵风 9 级以上；或者已经受大风影响，平均风力为 8 ~ 9 级，或者阵风 9 ~ 10 级并可能持续。

3. 橙色预警信号

6 h 内可能受大风影响，平均风力可达 10 级以上，或者阵风 11 级以上；或者已经受大风影响，平均风力为 10 ~ 11 级，或者阵风 11 ~ 12 级并可能持续。

4. 红色预警信号

6 h 内可能受大风影响，平均风力可达 12 级以上，或者阵风 13 级以上；或者已经受大风影响，平均风力为 12 级以上，或者阵风 13 级以上并可能持续。

三、冰雪天气

冰雪响应：气象台发布冰雹橙色及以上预警信息，启动应急响应。

四、大雾天气

大雾响应：接收市气象台大雾橙色预警或监测高架、地面段出现 50 m≤能见度 < 200 m 的浓雾为三级响应；接收市气象台大雾红色预警或监测高架、地面段出现能见度 < 50 m 的浓雾为二级响应。

五、暴雨天气

暴雨响应：接收市气象台暴雨蓝色预警信号或监测 12 h 内降雨量达到 50 mm 以上为四级响应；接收市气象台暴雨黄色预警信号或监测 6 h 内降雨量达到 50 mm 以上为三级响应；接收市气象台暴雨橙色预警信号或监测 3 h 内降雨量达到 50 mm 以上为二级响应；接收市气象台暴雨红色预警信号或监测 3 h 内降雨量达到 100 mm 以上为一级响应。

六、任务实施

（一）大风天气应急处理流程

（1）及时了解强风情况和设备运营情况，必要时停止受影响设备的运行。
（2）通知相关专业维修人员做好抢险、抢修准备。
（3）加强监控，及时了解设备状况。
（4）若发现或接报险情，应通知相关车站值班人员确认设备情况，及时采取应急措施。

（二）冰雪天气应急处置流程

（1）及时了解天气情况，向值班主任汇报。

（2）通知相关专业维修人员做好抢险、抢修准备。
（3）对水管等设备应加强监控，及时了解设备状况。

（三）大雾天气应急处置流程

（1）及时了解天气情况，向值班主任汇报。
（2）通知相关专业维修人员做好抢险、抢修的准备。
（3）对环控设备应加强监控，有异常情况时要及时做出处理。

（四）暴雨天气应急处置流程

（1）通知车站加强监控车站出入口、集水井、区间水位以及各种排水泵的运行情况。
（2）接到水位报警、水泵故障等险情时，及时通知生产调度组织人员抢修。
（3）对环控设备加强监控，有异常情况及时做出处理并报告值班主任。

七、注意事项

当特殊天气出现时，当值调度应密切关注设备运行情况，及时调整环控运行模式。

八、任务评价

根据以上学习内容，评价自己对本任务内容的掌握程度，在下表相应位置打“√”。

评价内容	差	合格	良好	优秀
对大风天气应急处置掌握程度				
对冰雪天气应急处置掌握程度				
对大雾天气应急处置掌握程度				
对暴雨天气应急处置掌握程度				
学习中存在的问题或感悟				

任务三　反恐类

一、车站遭受恐怖袭击时的应急处置流程

（1）尽快了解环控系统受影响情况并汇报值班主任。
（2）根据现场情况，正确及时地发布通风系统运行方式等相关命令。
（3）随时了解救援情况，协调处理相关事宜。

二、站内出现不明气味时的应急处置流程

（1）异味滞留车站内时，设备调度员应第一时间执行排烟模式，以达到降低影响的目的。

（2）站内异味影响较小时，要针对异味来源不同的特点组织不同的气流，以达到从根源上遏制其到达车站的目的。

① 来源于出入口：气味来源于出入口位置，设备调度员组织车站关闭两端大系统排风。

② 来源于新风亭：气味来源于新风亭，设备调度员组织车站关闭该端的新风组织全排风运行。

③ 来源于本站：气味来源于本站，设备调度员组织车站则迅速清除气味来源，气味稍少时组织小系统运行全新风模式，大系统运行机械通风模式。

④ 来源于本站相连通的其他区域：气味来源于本站相连通的其他区域，设备调度员组织车站关闭两端大系统排风。

三、车站遭遇毒气袭击时的应急处置流程

（1）当接到或发现多名乘客同时感到不适（恶心呕吐）或晕倒的情况下，设备调度员可以初步判断可能发生生化毒气物质袭击。

（2）确认车站内发现生化毒气时，设备调度员立即组织相应车站停止各系统的排风和送风。

（3）车站内发现生化毒气时，应立即对车站停运，设备调度员通知现场救援的工作人员必须佩戴防毒用品。

（4）车站、列车发现有生化毒气，相关部门（卫生防疫、公安部门）检测确认安全后，事故处理现场总指挥通知值班主任恢复运营，设备调度员在接到值班主任恢复运营的通知后，大系统运行机械通风模式，小系统运行全新风模式半小时后再执行相应的运营模式。

四、车站可燃气体泄露时的应急处置流程

（1）出现可燃气体泄漏时，车站内或列车局部发现可燃气体泄漏时，先不改变原有环控模式，待车站值班站长或司机查明气体来源及范围后设备调度员再执行相应的环控模式。

（2）如确认可燃气体较浓或大面积泄漏应保持机电设备运行状态。

（3）浓度较轻或小面积泄漏，应根据事故现场的不同执行不同的模式。

① 事故现场靠近出口：可燃气体来源于出入口位置，如确认设备调度员组织车站关闭两端大系统排风，组织两端全送风，保持车站正压，避免可燃气体蹿进车站。

② 事故现场靠近新风亭：设备调度员组织车站关闭该端的新风组织全排风运行，另一端只送不排，避免可燃气体蹿进车站。

③ 事故现场在本站及相连通的其他区域：设备调度员本着驱散或排除可燃气体降低浓度的原则，组织车站执行全新风模式。

（4）车站如发现可燃气体泄漏，立即派人组织疏散人员，设置警戒区，禁止乘客进站。

（5）前方车站发生燃气泄漏，列车扣车或不停站通过事故车站，隧道通风系统不改变运行模式。

（6）若可燃气体起火燃烧，则按相应的火灾应急处理程序进行处理。

五、发现可疑物品应急处理流程

（1）做好监控，根据具体情况向相关车站发布运营信息。

（2）做好预想，当发生事故时如何组织车站的 BAS 及 FAS 运行。

（3）根据轨道交通公安要求主区开启 BAS 系统。

（4）视情况组织 BAS、FAS 运行。

六、注意事项

（1）当车站发生毒气袭击时，需及时关闭环控系统运行。
（2）当车站发生可燃气体泄露的事故时，需保持当前环控系统运行状态。

七、任务评价

根据以上学习内容，评价自己对本任务内容的掌握程度，在下表相应位置打“√”。

评价内容	差	合格	良好	优秀
站内不明气味应急处理掌握程度				
毒气袭击应急处置流程掌握程度				
可燃气体泄露应急处置掌握程度				
发现可疑物品应急处置掌握程度				
学习中存在的问题或感悟				

任务四　其他事件（事故）类

一、列车故障应急处理

（一）列车在区间阻塞

（1）ATS 发出列车区间停车的报警后应立即向行车调度员进行确认。
（2）BAS 系统自动执行隧道阻塞通风模式，当发现 4 min 内模式不能自动启动时，应立即手动执行隧道阻塞通风模式。
（3）列车离开区间后复位报警信号，恢复正常运行模式。

（二）需要立即到区间抢险的几种情况

（1）区间高水位报警。
（2）司机发现区间有积水并将淹到道床。
（3）区间水泵电源故障。
（4）区间主、备水泵全部故障。

（三）区间水泵抢险注意事项

（1）必须在抢险程序规定时间内组织抢修人员到达预定车站。
（2）必须确认清楚需要进入区间的抢险人员人数。
（3）必须确认抢险人员带齐防护用品。
（4）出发前需要测试抢险人员的对讲设备。

（5）抢险人员进、出区间过程由行车调度员指挥，设备调度（维修）每隔 15 min 与维修人员联系一次并报行车调度员。

（6）区间发生一台水泵故障或故障暂时不影响区间排水能力时，维修工作应安排在当天运营结束后组织人员抢修。

二、区间消防水管爆裂漏水应急处理流程

（1）区间发生消防水管爆裂时，设备调度应立即通知车站人员通过 BAS 工作站关闭车站站台两端相应的手电两用蝶阀，如果 BAS 控制失效，立即通知生产调度安排给排水专业维修人员现场关闭车站站台两端相关区间消防水管手电两用蝶阀，需要进入轨行区时由维调向行调提出配合，并协调组织现场的抢修作业。当设备调度发现 BAS 车站信号与 OCC 反馈信号不符时，应要求车站相关人员到车站设备房确认设备状态再回复。

（2）加强对区间水泵的监控，确保区间水泵排水正常，漏出的水能迅速排清。

（3）立即通知相关部门组织抢修准备，必要时立即组织抢修。

（4）立即制订该区间发生火灾时的后备应急方案，确保该区间的消防能力。

（5）如果爆管事故不影响区间行车安全，视情况可以安排给排水维修人员运营结束后再进行抢修作业。

三、OCC 紧急疏散应急处理流程

（1）联系物业管理单位，对控制中心大楼发布紧急疏散信息。

（2）通报全线车站、机电中心生产调度：OCC 执行紧急疏散程序，控制权下放至车站。

（3）转移时带好应急疏散盒，按要求疏散到预定地点。

（4）到达预定地点后，及时与值班主任联系，通过专用电话通知全线各站、机电中心值班人员，在预定地点建立环控调度中心，收回控制权，恢复正常通信方式。

四、注意事项

（1）区间水管爆裂时，需关闭漏水区间两端区间蝶阀，同时密切关注区间水位情况。

（2）OCC 紧急疏散后，需立即将控制权下发至车站，由车站监控设备情况。

五、任务评价

根据以上学习内容，评价自己对本任务内容的掌握程度，在下表相应位置打“√”。

评价内容	差	合格	良好	优秀
列车故障应急处理掌握程度				
处理水管爆裂漏水流程掌握程度				
OCC 紧急疏散应急处置掌握程度				
学习中存在的问题或感悟				

模块训练

任务训练单

班级：　　　　　　　　　　　姓名：　　　　　　　　训练时间：

任务训练单	突发事件处理
任务目标	熟悉 FAS 系统设备，掌握站台火灾应急处理
任务训练	请从下列任务中任选两项进行训练：确认消防联动设备正常动作、能够在设备调度员工作站执行站台火灾模式、发布 PIS 信息等
任务训练一： （说明：总结作业流程，并在实训室进行实操训练或者上级在模拟软件上完成实操训练）	
任务训练二： （说明：总结作业流程，并在实训室进行实操训练或者上级在模拟软件上完成实操训练）	
任务训练的其他说明或建议：	
指导老师评语：	
任务完成人签字： 日期：　　年　　月　　日 指导老师签字： 日期：　　年　　月　　日	

模块小结

通过本模块学习，掌握突发事件的处理流程，降低影响。要掌握突发事件的处理，需增加案例和演练，想象事件发生于当班期间应如何处理，通过讨论和交流的形式加深印象。

模块自测

一、填空题

1. 当人员发现火灾时，在火灾探测器未探测到火灾时，人员手动按下（　　），报告火灾信号。

2.（　　　）一般用于灭火控制系统中，当灭火剂开始释放实施灭火时，灭火控制系统点亮灯，警示人员不要进入当前灭火区域，以免危险发生。

3. 通过火灾自动报警控制器的液晶显示屏面板上的按钮可以进行翻页、确认、（　　　）、试验、（　　　）等操作。

二、简答题

1. 简述气体灭火的几种控制方式。

2. 简述混合气体 IG-541 的气体组成。

任务五 火灾情况下设备联动故障

一、设备调度员管辖设备的基本原则

对于气体灭火系统、消防水系统、事故风机等设备，由机电中心负责定期检修、维护，保证系统及设备的完好，有故障应及时处理，设备运行状态的改变必须征得设备调度员的同意。

二、设备调度员管辖设备的故障应急处理原则

（1）设备出现故障必须第一时间执行应急模式。
（2）必须严格遵守先通后复的处理原则。
（3）故障处理过程不得影响正常行车。
（4）影响行车的设备故障必须按抢险程序进行。
（5）严重影响客运服务的设备故障必须及时组织抢修。
（6）存在火灾及安全隐患的设备故障必须及时组织抢修，不能立即修复时必须建立跟踪档案。

三、情景模拟：交通学院站 K-I1 通风系统区域火灾应急处理

1. 判断故障位置

当 K-I1 系统覆盖区域（小轴端设备区）发生火灾时，气灭系统房间（环控电控室、弱电电源室、综合弱电机房、公安消防无线通信机房、商用无线通信机房等）将进行动作喷灭。

2. 故障发生在非气灭设备房间

非气灭设备房间（车控室、站长室、消防泵房、警务室、男更衣室、女更衣室、交接班室、茶水间、收款室、AFC 维修室、配电间等）需要车站人员进行人工排烟。

3. 非气灭设备房间火灾处理

设备调度员通过 FAS 发现交通学院站 K-I1 系统中非气灭保护房间烟感报警，设备调度员应立即通知车站、生产调度、值班主任。

4. 发送应急信息并通知车站做好相关工作

设备调度（维修）发布应急短信，设备调度员通知车站做好自身的防护工作，按照火灾应急处理流程执行车站疏散及救援工作，并拨打 119 火警电话。

5. 启动应急预案

设备调度员通知车站、生产调度，由于交通学院站 XHPF-I1 故障，所以立即启动交通学院站 K-I1 通风系统区域火灾应急处理方案。

6. 按照系统模式开启相应防火阀

设备调度员通知生产调度立即派人去现场处理并辅助车站开启相应防火阀。设备调度员通知车

站手动现场关闭相应防火阀，并在 BAS 上确认相应防火阀开启。设备调度员同时在 BAS 和 FAS 上确认防火阀状态。

7. 保证排烟通道准确

设备调度员提醒车站保持疏散通道畅通，关闭设备区与公共区的防火门（勿锁），避免烟气由设备区向公共区蔓延，并保持大系统房门、起火点房间的房门一直处于开启状态，利用走廊作为排烟通道。

8. 确保大系统阀门位状态准确

设备调度员同时在 BAS 上单控开启及关闭相应阀门。

9. 与现场确认人员到位情况

设备调度员询问车站、生产调度工班人员是否到达现场，到达现场后立即配合车站人员。

10. 开启设备进行排烟

设备调度员与车站人员确认所有风阀、防火阀全部正确后，单控开启交通学院站大系统风机 F-I1、F-I2，利用大系统风机的正向排烟将设备区烟气通过机械风道、排风道排出至室外。

11. 火灾扑灭后配合现场人员恢复设备

火灾扑灭后设备调度员按照现场工作人员要求进行配合，及时恢复各种设备并在 BAS 及 FAS 上进行检查。

模块十　故障应急处置——供电方向

案例导学

小刘来到地铁站乘坐地铁，刚到达车站就听见车站在人工广播列车延误信息，在车站等了很久，地铁列车才缓慢进站，在车厢里的小刘才发现列车在区间根本开不快，心想今天一定要迟到了。小刘联想到自己在课堂上学的知识，判断刚才一定是发生了设备故障才导致列车晚点。

那么，地铁哪些设备故障会影响列车运行？如果供电设备有了故障应该怎么处置？以上的问题可以通过本模块的学习得到解决。

学习目标

（1）掌握 SCADA 故障处置流程。
（2）掌握 66 kV 主所故障处置流程。
（3）掌握 35 kV 环网故障处置流程。
（4）掌握 1 500 V 直流故障处理流程。
（5）掌握 400 V 故障处置流程。

技能目标

（1）能够正确判断主所设备故障现象和影响范围。
（2）能够掌握 SCADA 故障处置流程。
（3）能够掌握 35 kV 故障处理流程。
（4）能够判断 1 500 V 故障处置流程。
（5）能够掌握电网波动时的故障现象。
（6）能够掌握 400 V 故障处置流程。
（7）能够判断 1 500 V 故障现象和影响范围。
（8）能够在故障处理完毕后进行总结和分析。

任务一　主变电所设备故障

案例：电表厂主变电所 1#所用变压器相间短路故障跳闸。

一、事件概况

1. 事件发生时间、地点

2015 年 02 月 11 日 13 时 14 分电表厂主变电所。

2. 事件类型

1#所用变压器发生相间短路事故导致主变电所 35 kV 断路器跳闸。

3. 事件描述

2015 年 02 月 11 日 13 时 14 分，电表厂主变电所 1#主变压器低后备保护低电压动作，电表厂主变电所 305、307 开关跳闸，300 母联自投。哈南至和兴路多站三类负荷跳闸，指挥中心大屏、办公电脑失电。

二、事件处理经过简介

（一）事件信息获得渠道

设备调度员通过 SCADA 发现电表厂主变电所 1#主变压器低后备保护低电压动作，电表厂主变电所 305、307 开关跳闸，300 母联自投。哈南至和兴路多站三类负荷跳闸。

（二）事件处理过程与说明

设备调度员立即断开 303 开关，拉开 3031、3051、3071 隔离刀闸，隔离故障点。并要求主变电所值班员立即确认故障情况和设备状态。设备调度员立即将故障信息通知值班主任、设备调度员（维修）及生产调度，并要求生产调度派工班人员到受影响变电所处理故障。设备调度员立即要求各牵引变电所值班员检查并确认直流系统设备是否正常。经检查无异常后，设备调度员陆续恢复哈南至和兴路站三类负荷供电。

三、原因分析

电表厂 1# 所用变压器三相短路故障，瞬时短路电流过大造成电表厂主变电所 305、307 开关跳闸。

四、案例处理优化分析（正确的处理步骤）

（1）设备调度员应第一时间确认主变电所开关动作情况，报警信息，并确认所内重要二次设备（如保护测控设备、交直流屏等）供电正常，确认故障位置后第一时间隔离故障点。

（2）若故障造成主变电所 35 kV 二级母线失电，应确认主变电所 300 母联开关是否投入，并查看是否对相应供电分区变电所 400 V 设备、接触网造成影响。

（3）确认故障情况和影响范围后，及时对故障信息进行通报。

（4）故障恢复后，及时恢复受影响负荷的供电，恢复供电系统正常运行方式。

五、专家提示

（1）由于新线新员工的特点，遇到的问题少，与现场人员沟通时要仔细认真，确认好后再下达命令。

（2）在处理过程中不要慌乱，认真确认后再操作。

（3）操作过程在一定要一人操作一人监护，防止操作错误。
（4）在判断是否有短路故障时，可以查看相关变电所轨电位动作情况。

六、预防措施

加强对应急专业知识及应急预案的学习，在平常的工作中及时总结并积累经验，不断提高处置问题的能力。

七、风险分析

当主变电所设备发生故障时，会对其供电范围内的电力设备产生影响，可能导致相应车站的一、二级重要负荷供电短闪、切换甚至停电，并可能进一步引发次生灾害，造成大面积停电。如果未能第一时间采取措施，未隔离故障点、调整运行方式，将会进一步扩大故障范围并对供电系统和列车运行产生严重影响。

任务二　35 kV 设备故障

一、事件概况

1. 事件发生时间、地点

2017 年 6 月 19 日 23 时 18 分哈南站变电所。

2. 事件类型

哈南站变电所 PT 烧损造成 35 kV 及相应 400 V 开关跳闸。

3. 事件描述

6 月 19 日 23 时 18 分哈南、哈达站、医大二院站 400 V I 段进线开关 401 跳闸，400 母联开关自投，哈南至和兴路三类负荷全部失电。

二、事件处理经过简介

（一）事件信息获得渠道

设备调度员通过 SCADA 发现哈南、哈达站、医大二院站 400 V I 段进线开关 401 跳闸，400 母联开关自投，哈南至和兴路三类负荷全部失电。

（二）事件处理过程与说明

设备调度员断开哈南 106A、101A，拉开 1061A、1011A 刀闸，断开哈达 102A 开关，拉开 1021A 刀闸隔离故障点，设备调度员立即将故障信息通知值班主任、设备调度员（维修）及生产调度，并要求生产调度派工班人员到受影响的变电所处理故障。设备调度员立即要求各牵引所值班员检查确认直流系统设备是否正常。经检查无异常后，设备调度员陆续恢复哈南至和兴路站三类负荷供电。

三、原因分析

哈南站变电所 35 kV 101 A 开关柜 PT 烧损造成开关跳闸。

四、案例处理优化分析（正确的处理步骤）

（1）设备调度员应通过 SCADA 确认开关保护动作的执行情况和报警信息及其影响范围，并根据报文判断故障的位置及性质。

（2）将该信息通知指挥中心各调度、值班主任，通知生产调度派工班查看设备情况，协助设备调度员（维修）做好信息发布工作。

（3）拉开故障开关对应的刀闸，将故障点隔离。

（4）故障恢复后，及时恢复受影响负荷的供电，恢复供电系统正常运行方式。

五、专家提示

（1）由于新线新员工的特点，遇到的问题少，与现场人员沟通时要仔细认真，确认好后再下达命令。

（2）在处理过程中不要慌乱，认真确认后再操作。

（3）操作过程中一定要一人操作一人监护，防止出现操作错误。

（4）在判断是否有短路故障时，可以查看相关变电所轨电位动作情况。

六、预防措施

加强对应急专业知识及应急预案的学习，在平常的工作中及时总结并积累经验，不断提高处置问题的能力。

七、风险分析

35 kV 设备发生故障时，可能出现本站及相邻车站一、二级负荷短时切换、三级负荷失电等影响，若故障发生在牵引变电所，可能造成整流机组退出运行，并对相应区域接触网的供电运行方式产生影响。

任务三 接触网设备故障

案例：学府路至铁路局下行接触网故障导致断路器跳闸。

一、事件概况

1. 事件发生时间、地点

2015 年 02 月 13 日 09 时 35 分学府路站牵引降压混合变电所。

2. 事件类型

接触网故障导致直流馈线断路器跳闸。

3. 事件描述

2015 年 2 月 13 日 09 时 35 分，学府路站牵引降压混合变电所 211、铁路局站牵引降压混合变电所 213 大电流脱扣保护动作，学府路 211、铁路局 213 处于分位。造成 1B3 区接触网供电分区停电（学府路至铁路局下行）。

二、事件处理经过简介

（一）事件信息获得渠道

此次事故发生时设备调度员 SCADA 遥信处于中断状态，9 时 40 分行车调度员通知设备调度员，3B2 区供电区域无电，设备调度员通知变电所值班员立即查看变电所设备情况。经变电所值班员确认学府路 211 开关、铁路局站 213 开关跳闸，大电流保护动作。设备调度员通知各调度故障信息并要求相关专业人员赶往现场查看设备。

（二）事件处理过程与说明

设备调度员通过 SCADA 发现学府路站变电所 211、铁路局站 213 开关大电流脱扣保护动作跳闸重合闸失败。设备调度员需要通过试送电的方式判断故障原因，首先通知现场人员直接试送学府路站 211 开关，合闸失败后，再通知现场人员拉开 2111 上网隔离开关后试送电成功。设备调度员再要求铁路局站值班员不带接触网试送电 213 开关，合闸成功。设备调度员初步判断此次调整原因是接触网故障，通知接触网人员加强巡视（对事件的发生原因、发生过程进行简述或列举，并提出事件处置的可能方法、所需工具和资料）。

三、原因分析

接触网悬挂绝缘瓷瓶闪络导致相应变电所直流开关跳闸。

四、案例处理优化分析（正确的处理步骤）

（1）通过 SCADA 确认开关保护动作情况、开关主跳和联跳关系，接触网停电和影响范围。
（2）要求变电所值班人员确认报警信息及相关直流开关的状态情况。
（3）将该信息通知指挥中心各调度、值班主任。
（4）通知生产调度派工班查看设备情况，协助设备调度员（维修）做好信息发布。
（5）若开关跳闸后闭锁及保护未复归时，应要求值班员解除开关闭锁和保护复归，解除临站开关联跳保护，并检查开关本体有无异常。
（6）若与列车行进无关，且相关直流开关本体正常，应通过试送电来判断故障位置。
（7）拉开跳闸开关对应的上网刀闸，再合上相应的直流开关，若开关合闸成功，再断开开关，合上相应上网刀闸及开关试送电；若开关合闸未成功，可推断故障点在接触网的可能性最大。

（8）要求行车调度员扣停电客车，防止列车进入故障区段。通知行车调度员要求故障区段电客车司机确认弓网是否有异常现象，并按接触网故障应急处理程序执行。

（9）接触网在经过多次检查后确认无法精确定位金属性接地故障点的情况下，应由现场抢修负责人向设备调度员申请采用直流开关不经线路检测功能直接合闸 1 次查找故障点。

（10）如果仍未查找出故障点，则可再次由现场负责人申请强送 1 次，如还未查出故障点，则不应再次强送，直接合闸采用现场抢修人员直接操作的方式。

五、专家提示

（1）由于新线新员工的特点，遇到问题少，与现场人员沟通时要仔细认真，确认好后再下达命令。

（2）在处理过程中不要慌乱，认真确认后再操作。

（3）操作过程中一定要一人操作一人监护，防止操作错误。

（4）在操作前应充分考虑到所受影响的设备，做好提前通知等准备工作。

六、预防措施

加强对应急专业知识及应急预案的学习，在平常的工作中及时总结积累经验，不断提高处置问题的能力。

七、风险分析

接触网设备故障会直接影响接触网供电运行，可能造成相应车站的多个变电所 1 500 V 直流馈线开关跳闸动作，并改变相关区段接触网运行方式，甚至造成局部接触网停电，对列车运行产生严重影响。

任务四　400 V 设备故障

案例：哈南至和兴路多站三类负荷跳闸。

一、事件概况

1. 事件发生时间、地点

2015 年 03 月 16 日 11 时 22 分电表厂主变电所。

2. 事件类型

哈南至和兴路站三类负荷全部跳闸。

3. 事件描述

3 月 16 日电表厂主变电所上级电源电压波动。

二、事件处理经过简介

（一）事件信息获得渠道

设备调度员通过 SCADA 发现电表厂主变电所上传大量报警信号，哈南至和兴路站三类负荷总开关全部跳闸。

（二）事件处理过程与说明

设备调度员立即将故障信息通知值班主任、设备调度员（维修）及生产调度，要求生产调度立即派工班人员前往受影响的相关变电所处理故障。设备调度员询问哈尔滨地铁调度原因，哈调回复由于电表厂主所上级电源哈西一次变有瞬间系统接地故障造成的此次电压波动。

三、原因分析

电表厂主变电所上级电源哈西一次变压器有瞬间系统接地故障造成此次电压波动。

四、案例处理优化分析（正确的处理步骤）

（1）通过 SCADA 发现多个车站发生大面积三类负荷跳闸，应通报值班主任、设备调度员（维修）、生产调度故障信息。

（2）设备调度员应优先考虑故障点在上级电源，立即与主变电所及站下变电所值班员确认现场设备运行情况，并联系哈调确认故障原因是否由上级电源电压故障引起。

（3）故障排除后恢复供电系统正常运行方式，通知无人值班变电所内的人员撤离。

五、专家提示

（1）由于新线新员工的特点，遇到的问题少，与现场人员沟通时要仔细认真，确认好后再下达命令。

（2）在处理过程中不要慌乱，认真确认后再操作。

（3）操作过程中一定要一人操作一人监护，防止操作错误。

六、预防措施

加强对应急专业知识及应急预案的学习，在平常的工作中及时总结积累经验，不断提高处置问题的能力。

七、风险分析

400 V 设备发生故障时，可能会直接影响站内某一负荷供电，由于一、二级负荷设备能短时切换，一般不会直接造成相关负荷的失电，但在故障处理过程中，设备调度员应第一时间隔离故障点，防止 400 V 母排短路，引起故障范围的扩大。

任务五　SCADA 系统故障

案例：哈南站变电所全站 SCADA 无法监控。

一、事件概况

1. 事件发生时间、地点

2016 年 07 月 19 日 19 时 16 分哈南站变电所。

2. 事件类型

SCADA 系统故障。

3. 事件描述

2016 年 7 月 19 日 19 时 16 分，哈南站变电所全站 SCADA 设备通信状态显示红色，设备调度员无法监控所内设备状态。

二、事件处理经过简介

（一）事件信息获得渠道

此次事件发生时设备调度员通过 SCADA 发现哈南站 CSC800M 通信中断显红，相应开关遥测量不变化。

（二）事件处理过程与说明

设备调度员在查看相关设备时，发现哈南站变电所全所设备状态显示异常，所有数据设备调度员都监测不到。首先将故障信息通知值班主任、设备调度员（维修）及生产调度，要求生产调度立即派人到现场确认并检查设备情况。变电工班到达现场后确认现场设备运行是否正常，设备调度员通知工班人员现场留守，发现异常要及时上报。

三、原因分析

经 SCADA 工班排查后，确认故障原因为 CSC800M 死机。

四、案例处理优化分析（正确的处理步骤）

（1）发现并确认 SCADA 系统异常后，将 SCADA 系统故障通报值班主任、设备调度员（维修）。

（2）SCADA 系统故障不能及时恢复，设备调度员应及时通知将有人值班的变电所改为站级控制，并通知生产调度排工班人员到受影响的变电所值班。SCADA 系统恢复正常工作时，应通知变电所值班员改为中央级控制，并要求有人值班变电所的值班员加强巡视，发现异常及时上报。

（3）故障排除后恢复正常调度工作，通知无人值班变电所内的人员撤离。

五、专家提示

（1）由于新线新员工的特点，遇到的问题少，与现场人员沟通时要仔细认真，确认好后再下达命令。

（2）在处理过程中不要慌乱，认真确认后再操作。

六、预防措施

加强对应急专业知识及应急预案的学习，在平常的工作中及时总结积累经验，不断提高处置问题的能力。

七、风险分析

当站级 SCADA 设备通信故障时，会直接影响设备调度员对站内变电所设备的运行监控、倒闸操作。当站内设备发生紧急故障时，设备调度员将无法从远方对设备进行应急处理，只能由变电所人员在现场就地处置。

模块训练

任务训练单

班组： 姓名： 训练时间：

任务训练单	故障应急处置作业
任务目标	熟悉设备功能，掌握设备故障的处置流程，能对故障进行判断、处置
任务训练	请从下列任务中选择两个进行训练：主所设备故障、1 500 V 设备故障、35 kV 设备故障、SCADA 系统故障、400 V 设备故障
任务训练一： （说明：总结作业流程，并在实训室进行实操训练或者上机在模拟软件上完成实操训练）	
任务训练二： （说明：总结作业流程，并在实训室进行实操训练或者上机在模拟软件上完成实操训练）	
任务训练的其他说明或建议：	
指导老师评语：	
任务完成人签字： 日期： 年 月 日 指导老师签字： 日期： 年 月 日	

模块小结

本模块讲述了主所设备故障、1 500 V 设备故障、35 kV 设备故障、SCADA 系统故障、400 V 设备故障的处置流程。要掌握这些处置流程，首先要掌握各个故障现象，根据现象和相关人员的汇报内容对故障进行判断，制订故障处置流程，根据故障处置的进度及时调整供电运行方式。

模块自测

1. 简述主所设备故障处理程序。
2. 简述 1 500 V 设备故障处理程序。
3. 简述 35 kV 设备故障处理程序。
4. 简述 SCADA 系统故障处理程序。
5. 简述 400 V 设备故障处理程序。

模块十一　故障应急处理——环控方向

任务一　风机、风阀设备故障

一、事件概况

运营期间设备调度员通过 BAS 主机发现理工大学站大系统 I、II 端风机、风阀故障。

二、事件处理经过简介

1. 发现故障

设备调度员通过 BAS 主机发现理工大学站大系统 I、II 端风机、风阀故障。

2. 信息通报

设备调度员立即通知值班主任及各调度。

3. 故障处理（1）

设备调度（维修）立即组织人员进行抢修，了解情况后，判断事件的影响程度，向领导发布信息。

4. 故障处理（2）

设备调度员在 BAS 工作站上将理工大学站大系统风机打至手动停止位。

5. 故障处理（3）

设备调度员通知车站加强车站监控，密切关注车站公共区的空气质量与温度，如有异常及时上报。

6. 站内运营保障

车站值班员应主动担负起设备状态的监控工作并将设备故障情况及时向设备调度员汇报，车站值班员应熟悉模式操作卡片，紧急情况可以立即进入手动操作模式，要求车站值班员组织人员，以每小时不少于一次的频率对该区域进行巡查，出现异常时及时通知设备调度员。

7. 恢复设备

现场工班人员确认故障设备恢复正常后，设备调度员在 BAS 工作站上将大系统风机恢复自动模式运行。

8. 故障跟进

设备调度（维修）做好故障处理的信息短信发布，协助值班主任完成当日日报填写。

三、原因分析

风阀设备故障导致风机不能开启，设备出现故障必须第一时间执行应急模式；必须严格遵守先通后复的处理原则；存在火灾及安全隐患的设备故障必须及时组织人员对其进行抢修，不能立即修复时必须建立跟踪档案。

四、专家提示

（1）调度员与现场人员沟通时要仔细认真，确认好后再下达命令。
（2）在处理过程中不要慌乱，认真确认后再操作。
（3）操作过程中一定要一人操作一人监护，防止操作错误。

五、预防措施

加强对应急专业知识及应急预案的学习，在平常的工作中及时总结并积累经验，不断提高处置问题的能力。

六、风险分析

当站内风机、风阀设备发生故障时，会影响其管控区域内的设备正常地联动。如风机或风阀等机电设备损坏期间遇到火灾等紧急情况，若未能第一时间进行消防联动、进行隔离起火点或排出站内烟尘等应急操作、调整运行方式，将存在火灾范围进一步扩大的隐患，对列车运行产生严重影响。

任务二　指挥中心 BAS 工作站故障

一、事件概况

BAS 系统中央与车站的通信中断（脱网）的基本处理方案，运营期间设备调度员通过 BAS 主机发现 BAS 系统中央与车站通信中断。

二、事件处理经过简介

1. 发现故障

运营期间设备调度员通过 BAS 主机发现 BAS 系统中央与车站通信中断。

2. 信息通报

设备调度员立即通知值班主任，通报全线车站并命令车站值班员接管控制权，同时通知设备调度（维修）组织相关人员进行维修。

3. 故障处理（1）

设备调度（维修）立即组织人员进行抢修，了解情况后，判断事件影响，向领导发布信息。

4. 故障处理（2）

设备调度员通知车站加强车站监控工作，密切关注车站公共区与设备区的空气质量与温度，如有异常及时上报。

5. 站内运营保障

车站值班员应主动担负起设备状态的监控工作并将设备故障情况及时向设备调度员汇报，车站值班员应熟悉模式操作卡片，紧急情况可以立即进入手动操作模式，要求车站值班员组织人员，每小时不少于一次对该区域进行巡查，出现异常时及时通知设备调度员。

6. 恢复设备

现场工班人员确认通信故障恢复正常后，设备调度员在 BAS 工作站检查相关设备是否正常运行，确认无误后收回控制权。

7. 故障跟进

设备调度（维修）做好故障处理的短信发布工作，协助值班主任完成当日的日报填写工作。

三、原因分析

BAS 控制主机巡检未到位，导致损坏。

四、专家提示

（1）调度员与现场人员沟通时要仔细认真，确认好后再下达命令。
（2）在处理过程中不要慌乱，认真确认后再操作。
（3）操作过程中一定要一人操作一人监护，防止操作错误。

五、预防措施

加强对应急专业知识及应急预案的学习，在平常的工作中及时总结并积累经验，不断提高处置问题的能力。

六、风险分析

当指挥中心 BAS 系统与站内通信发生故障时，会影响设备调度员对站内机电设备的正常监控。

如遇到火灾等紧急情况发生，若未能第一时间进行消防联动、进行隔离起火点或排出站内烟尘等的应急操作、调整运行方式，将存在进一步扩大火灾范围的隐患，对列车运行产生严重影响。

任务三　指挥中心 FAS 工作站故障

一、事件概况

FAS 系统中央与车站通信中断时，运营期间设备调度员通过 FAS 主机发现 FAS 系统中央与车站通信中断。

二、事件处理经过简介

1. 发现故障

运营期间设备调度员通过 FAS 主机发现 FAS 系统中央与车站通信中断。

2. 信息通报

设备调度员立即通知值班主任，通报全线车站并命令车站值班员接管控制权，同时通知设备调度（维修）组织相关人员进行维修。

3. 故障处理（1）

设备调度（维修）立即组织人员进行抢修，了解情况后，判断事件影响，向领导发布信息。

4. 故障处理（2）

设备调度员通知车站加强车站监控，密切关注车站公共区与消防联动设备运行情况，如有异常及时上报。

5. 站内运营保障

车站值班员应主动担负起设备状态的监控工作并将设备故障情况及时向设备调度员汇报，车站值班员应熟悉模式操作卡片，紧急情况立即进入手动操作模式，要求车站值班员组织人员，以每小时不少于一次的频率对该区域进行巡查，出现异常时及时通知设备调度员。一旦遇到火灾发生时，车站值班员应立即通过 IBP 盘手动执行相应的火灾模式，并确认相关设备是否联动。

6. 恢复设备

现场工班人员确认通信故障恢复正常后，设备调度员在 FAS 工作站检查相关设备的运行是否正常。

7. 故障跟进

设备调度（维修）做好故障处理的信息发布工作，协助值班主任完成当日的日报填写工作。

三、原因分析

通过检查发现光缆传输故障，通信中断

四、专家提示

（1）调度员与现场人员沟通时要仔细认真，确认好后再下达命令。
（2）在处理过程中不要慌乱，认真确认后再操作。
（3）操作过程中一定要一人操作一人监护，防止操作错误。

五、预防措施

加强对应急专业知识及应急预案的学习，在平常的工作中及时总结并积累经验，不断提高处置问题的能力。

六、风险分析

当指挥中心 FAS 系统与站内通信发生故障时，会影响设备调度员对站内机电设备的正常监控。如遇到火灾等紧急情况发生，若未能第一时间进行消防联动、进行隔离起火点或排出站内烟尘等应急操作、调整运行方式，将存在进一步扩大火灾范围的隐患，对列车运行产生严重影响。

任务四 车站 FAS 系统故障，不能监视本站

一、事件概况

运营期间设备调度员通过 FAS 主机发现和兴路站 FAS 系统故障，所有设备不能监控。

二、事件处理经过简介

1. 发现故障

运营期间设备调度员通过 FAS 主机发现某站 FAS 系统故障，所有设备不能监控。

2. 信息通报

设备调度员立即通知值班主任，同时通知设备调度（维修）组织相关人员进行维修。

3. 故障处理（1）

设备调度员应立即命令要求车站组织人员对车站重要区域和重要设备房进行巡查，出现异常时及时通知设备调度员，直至故障恢复或相关区域有人值守为止。

4. 故障处理（2）

设备调度（维修）立即组织人员进行抢修，了解情况后，判断事件影响，向领导发布信息。

5. 故障处理（3）

设备调度员通知车站加强站内设备监控，密切关注车站设备运行情况，如有异常及时上报。

6. 站内运营保障

车站值班员应主动担负起设备状态的监控工作并将设备故障情况及时向设备调度员汇报，车站值班员应熟悉模式操作卡片，发生紧急情况时可以立即进入手动操作模式，要求车站值班员组织人员，以每小时不少于一次的频率对该区域进行巡查，出现异常时及时通知设备调度员。一旦遇到火灾发生，车站值班员应立即通过 IBP 盘手动执行相应的火灾模式，并确认相关设备是否联动。

7. 恢复设备

现场工班人员确认通信故障恢复正常后，设备调度员在 FAS 工作站检查相关设备运行是否正常。

8. 故障跟进

设备调度（维修）做好故障处理的信息发布工作，协助值班主任完成当日日报填写工作。

三、原因分析

和兴路站 FAS 主机电源故障，导致该车站通信中断。

四、专家提示

（1）调度员与现场人员沟通时要仔细认真，确认好后再下达命令。
（2）在处理过程中不要慌乱，认真确认后再操作。
（3）操作过程中一定要一人操作一人监护，防止操作错误。

五、预防措施

加强对应急专业知识及应急预案的学习，在平常的工作中及时总结并积累经验，不断提高处置问题的能力。

六、风险分析

当站内 FAS 系统故障所有设备无法监控时，如遇到火灾等紧急情况发生，若未能第一时间进行消防联动、进行隔离起火点或排出站内烟尘等应急操作、调整运行方式，将存在进一步扩大火灾范围的隐患，对列车运行产生严重影响。

注：FAS 设备一旦发生故障，影响车站使其不能监控火灾报警情况，均属于严重故障，必须及时通知设备调度（维修）组织人员进行抢修。

设备调度（维修）业务模型

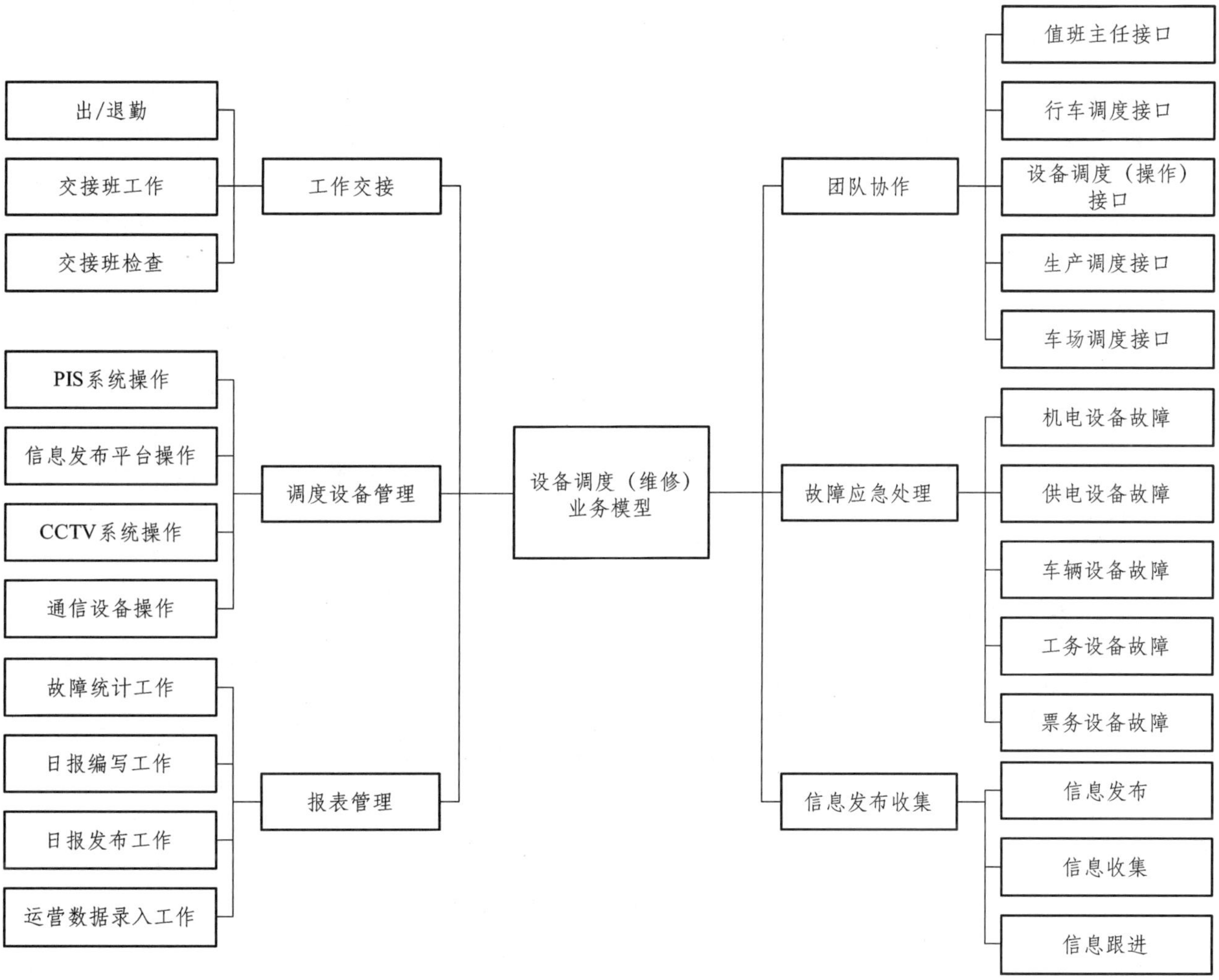
设备调度（维修）业务模型
工作交接
出/退勤
交接班工作
交接班检查
调度设备管理
PIS系统操作
信息发布平台操作
CCTV系统操作
通信设备操作
报表管理
故障统计工作
日报编写工作
日报发布工作
运营数据录入工作
团队协作
值班主任接口
行车调度接口
设备调度（操作）接口
生产调度接口
车场调度接口
故障应急处理
机电设备故障
供电设备故障
车辆设备故障
工务设备故障
票务设备故障
信息发布收集
信息发布
信息收集
信息跟进

模块十二　工作交接

任务一　出/退勤

一、出勤时间

指挥中心实行 24 h 工作制（四班两倒），白班 8 时—18 时（7 时 30 分到岗了解接班事项，7 时 50 分参加接班例会，8 时接班）；夜班：18 时—次日 8 时（17 时 30 到岗了解接班事项，17 时 50 分参加接班例会，18 时接班）（注：跟班学员需在此基础上提前 10 min）。

二、着装规定

（1）OCC 设备调度员出勤时要求统一着职业工装，佩戴肩章，佩戴领带，持工作证。
（2）工作期间应保持衣着整洁、大方、自然、得体、不卷裤挽袖。

三、出/退勤

（1）准时到岗，根据公司要求统一着职业工装，佩戴肩章，佩戴领带（领结），持工作证，上下班及时打卡。
（2）检查调度台账是否填写完毕，台账如图 12-1 所示。

哈尔滨地铁 HARBIN METRO

维调工作日志（1号线）

日期：2018 年 1 月 1 日　　白班☑夜班□　　当班维调：XXX　　接班维调：XXX

当班晚点情况：有□　无☑　　故障表跟进情况：是☑　否□

当班天气情况　6 时：　15 时：晴　16 时：晴　17 时：晴　18 时：

当班新增故障：无

遗留故障跟进情况（3 日内未处理的）：12月31日 0322次（0112车）主控钥匙无法转动

领导指示及重要通知：故障发生后第一时间通知生产调度

今日供电类故障：1（项）　今日行车类故障：2（项）　车辆类故障：0（项）

其他事项：无

值班主任签字：XXX

图 12-1　调度台账

（3）办理出退勤作业，了解未修复机电故障、环控风机类故障并掌握站内漏水等的情况。
（4）了解站内 FAS 主机手、自动情况，全线消防泵手、自动情况。
（5）按规定着装，准时参加交接班会。
（6）环控类故障信息需重点交接。

四、任务评价

根据以上学习内容，评价自己对本任务内容的掌握程度，在下表相应位置打“√”。

评价内容	差	合格	良好	优秀
出勤情况掌握程度				
着装要求是否掌握				
台账填写掌握程度				
学习中存在的问题或感悟				

任务二　交接班作业

一、交接班作业

（1）按时参加交接班会，听取值班主任总结上一班的运营情况。
（2）听取行车调度员、设备调度、设备调度员汇报各岗位情况。
（3）汇报环控设备运行情况。
（4）汇报当日天气情况及突发情况。
（5）汇报未修复的环控类故障，全线 FAS 主机、消防泵手、自动状态。
（6）听从值班主任统一安排，按要求严格执行。

二、交接班注意事项

（1）交班调度员应树立全局观念，提前做好交班准备，填写好各类台账。
（2）接班调度员应提前 20 min 到达 OCC 大厅，按规定着装，全面了解上一班需要跟进的工作和本班的生产任务，确保运营生产的安全性及连续性。
（3）接班人员了解上班施工及设备情况。
（4）接班人员水杯需放在指定位置，交班后一律放回茶水柜内。
（5）退勤后，交班调度在 OCC 大厅的个人物品务必全部带走。
（6）接班人员接班后应打扫大厅卫生，保证地面和台面整洁。

三、任务评价

根据以上学习内容，评价自己对本任务内容的掌握程度，在下表相应位置打“√”。

评价内容	差	合格	良好	优秀
对作业内容的掌握程度				
对重要环控设备运行情况掌握				
学习中存在的问题或感悟				

任务三　交接班检查

一、交接班前需要准备的工作

（1）按规定着装，清点个人工作用品。
（2）对调度台面、台账等进行“4S”管理。
（3）检查设备调度员各项办公用品是否齐全。
（4）检查故障信息，准备交接班会议材料。
（5）检查调度台账是否齐全，填写规范。
（6）交接故障信息，准备交接班会议材料。
（7）按规定交接故障处理进度。

二、交接班作业内容

（1）按时参加交接班会，听取值班主任总结上一班的运营情况。
（2）听取行车调度员、设备调度、设备调度员汇报各岗位情况。
（3）汇报故障及处理情况。
（4）汇报当日突发情况。
（5）听从值班主任统一安排，按要求严格执行。

三、交接班注意事项

（1）交班调度员应树立全局观念，提前做好交班准备，填写好各类台账。

（2）接班调度员应提前 20 min 到达 OCC 大厅，按规定着装，全面了解上一班需要跟进的工作和本班的生产任务，确保运营生产的安全性及连续性。

（3）接班人员了解上班施工及设备情况。

（4）接班人员水杯需放在指定位置，交班后一律放回茶水柜内。

（5）退勤后，交班调度在 OCC 大厅的个人物品务必全部带走。

（6）接班人员接班后应打扫大厅卫生，保证地面和台面整洁。

四、任务评价

根据以上学习内容，评价自己对本任务内容的掌握程度，在下表相应位置打“√”。

评价内容	差	合格	良好	优秀
交接班检查内容掌握程度				
学习中存在的问题或感悟				

任务四　交接班作业

一、交接班原则

（1）设备调度员接班后及时跟进设备状况和故障处理情况。

（2）在现场出现重大事故和当班重要事项（如演练）未处理完成，原则上不得进行交接班。

二、交接班作业

（1）交班人员需确认调度日志填写规范、设备正常、无遗漏项目。

（2）接班人员在确认设备正常、台账完整、交班清楚后方可接班。

三、注意事项

（1）退勤后，交班调度员在 OCC 大厅的个人物品务必全部拿走。

（2）接班人员在确认设备正常、台账完整、交班清楚后方可接班。

四、任务评价

根据以上学习内容，评价自己对本任务内容的掌握程度，在下表相应位置打“√”。

评价内容	差	合格	良好	优秀
交接班注意事项掌握程度				
学习中存在的问题或感悟				

模块训练

任务训练单

班组：　　　　　　　　　　姓名：　　　　　　　　　　训练时间：

任务训练单	交接班作业相关内容
任务目标	掌握交接班内容
任务训练	参加早晚交接班会一次
任务训练一： （说明：总结作业流程）	
任务训练二： （说明：总结作业流程）	
任务训练的其他说明或建议：	
指导老师评语：	
任务完成人签字： 日期：　年　月　日 指导老师签字： 日期：　年　月　日	

模块小结

本模块讲述了设备调度员交接班事项和交接班会议的相关内容，讲述了工作交接的操作流程及要求。掌握这些作业是上岗的基本要求，也是新员工上岗前应知应会的相关内容，要掌握这些作业，首先要熟悉岗位的工作内容、标准和注意事项，按照相关规定独立完成各项任务。

模块训练

一、填空题

1. 设备调度员出勤时要求统一（　　　　），佩戴（　　　　）（　　　　），男性调度员佩戴领带。
2. 工作期间，应保持衣着整洁、大方、自然、得体，不（　　　　）。
3. 接班调度员应提前（　　　　）到达 OCC 指挥中心大厅，按规定着装。

二、简答题

1. 简述出退勤时间。
2. 简述工作交接班检查内容。
3. 简述交接班时的注意事项。

模块十三　设备操作

学习目标

1. 掌握智能调度台操作。
2. 掌握信息发布平台操作。
3. 掌握无线调度台/手持台的操作。
4. 掌握综合监控的操作。
5. 掌握 CCTV 的操作。

技能目标

1. 独立实现智能调度台单呼、群呼、插入呼叫和呼叫切换的功能。
2. 能独立实现无线调度台/手持台单呼、群呼和紧急呼叫的功能。
3. 能独立使用信息发布平台发布火灾信息给相关领导。
4. 能独立使用 CCTV 调取各个摄像头的及时监控功能，了解调取录像监控的辅助事件/故障分析功能。

任务一　智能调度台

一、相关知识

智能调度台提供相互独立的双手机，可同时与两个用户通话或召开两个调度电话会议。智能调度台具有实时录音功能，可实现对调度员和车站通话内容的连续录音或自动录音，录音启动方式有按压启动和标准 600 Ω 音频接口两种。系统可配备多媒体数字录音机或多通道磁带录音机。

二、智能调度台组成

智能按键调度台由以下几部分组成：液晶显示屏、按键区、左功能区、右功能区、左手机和右手机，如图 13-1 所示。

图 13-1 智能调度台

（1）智能按键调度台采用大规模集成电路和高性能嵌入处理器设计，采用模块化结构，其中主模块上共有 64 个热键，可扩充模块最多可配置 5 个，最多可达 384 个热键。

（2）液晶显示屏有单色屏幕和彩色屏幕两种，可显示时间、新来话、手机状态、调度台缺席情况和查询信息。

（3）左功能键包括会议、点名、并机、保持、转移、剔除、强插、强拆、静音、菜单、查阅、键权、闭铃、轮呼、选接、重拨、免提、取消、音量调节等功能键和拨号盘。

（4）右功能键包括会议、点名、并机、保持、转移、剔除、强插、强拆、静音、键权、重拨、免提、取消、音量调节等功能键和拨号盘。

（5）智能调度台提供外接电话机接口，可用普通电话机、头戴耳机或无绳电话等替代调度手机。

（6）智能调度台提供两路电源输入，两个电源互为备份，可同时或单独使用。

（7）智能案件调度台提供一个标准 USB 接口。

（8）智能案件调度台提供一个标准以太网接口。

三、群呼功能

（1）热键上可以设置预约会议的调用码，按改建发起预约会议呼出会议中的所有分机。

（2）用拨号盘拨预约会议调用码，发起预约会议，呼出会议中的所有分机。

四、插入呼叫功能

（1）调度台呼叫调度分机遇忙，按强插键，如果调度分机正在通话中，调度台可以插入通话成三方通话，如果调度分机不在通话中，如果只是摘机、正在振铃等，则无法插入。

（2）调度台必须设置强插功能，被强插的通话双方，如果一方有强插保护，则只要双方的服务级别（COS）不大于调度台的服务级别就能强插成功，否则强插失败。

五、注意事项

左手柄进行通话时，如有电话呼入，可用右手柄接通新呼入电话。

六、任务评价

根据以上学习内容，评价自己对本任务内容的掌握程度，在下表相应位置打“√”。

评价内容	差	合格	良好	优秀
对智能调度台的组成掌握程度				
对智能调度台的功能掌握程度				
学习中存在的问题或感悟				

任务二　无线调度台/手持台

一、概　述

不同调度席位的调度功能各不相同，其中行车调度台主要管理正线行车、车站固定台及车站手持台；车辆段调度台主要管理车辆段内的列车、车辆段固定台及车辆段手持台；停车场调度台主要管理停车场内的列车、停车场固定台及停车场手持台；其他调度和维修人员只管理通话组和电台，不管理列车。另外，系统管理员可以通过为不同的调度岗位配置不同的用户信息来登录不同的调度类型，界面如图 13-2 所示。

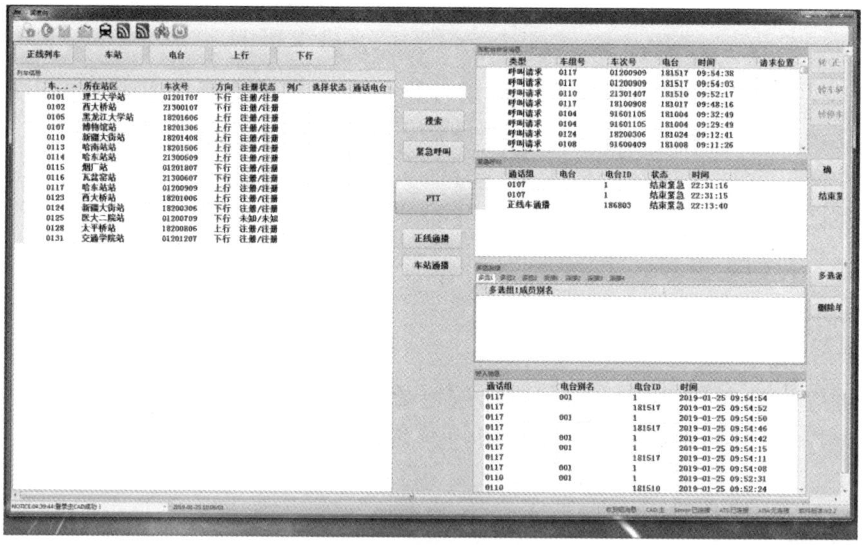

图 13-2　调度台界面

二、软件操作界面

（一）调度台登录界面

调度台软件提供登录界面，调度员可以通过该界面输入用户名及密码，并点击登录按钮登录调度台软件。

调度岗位的用户名及密码由系统管理员负责，可为每个调度岗位分别设置用户名和密码。调度岗位的管理对象（如通话组、电台、车站等）由系统管理员进行设置，可以根据需要为调度岗位灵活设置管理对象。

只有合法的用户名才能登录调度台软件，如果调度员输入错误的用户名和密码，调度台软件将弹出错误提示框。

（二）调度台主界面

（1）菜单。
（2）工具栏。
（3）状态栏。
（4）列车列表对话框。
（5）图形显示对话框。
（6）用户组对话框。
（7）回呼请求对话框。
（8）紧急告警对话框。
（9）多选/派接对话框。
（10）组呼对话框。
（11）单呼对话框。
（12）手动转组对话框。
（13）动态重组对话框。
（14）电话呼叫对话框。
（15）事件日志对话框。
（16）组呼记录对话框。
（17）电台状态显示对话框。
（18）短信对话框。
（19）预定义短消息对话框。

除上述界面外，调度台软件还提供多个弹出式对话框，如用户注销对话框、用户登录对话框、软件推出对话框以及一些出错提示框等。

三、任务评价

根据以上学习内容，评价自己对本任务内容的掌握程度，在下表相应位置打“√”。

评价内容	差	合格	良好	优秀
对无线调度台的组成掌握程度				
对无线调度台的功能掌握程度				
学习中存在的问题或感悟				

任务三　短信息发布平台

一、相关知识

地铁应急信息是指在运营事业总部管辖范围内，造成或者可能造成影响地铁运营或地铁形象、出现乘客或员工人身伤害、导致地铁财产损失等突发事件的信息。包括运营服务信息、车站应急信息、应急公交接驳信息、治安消防信息、职工伤亡信息、天气预警信息、事故事件信息、建设工程事故信息等。

二、信息的拟写及发布

应急信息以“迅速、准确、动态、同步”为信息传递发布基本原则。

1. 信息发布系统的登录

进入信息发布系统页面，登录界面如图 13-3 所示，输入正确的账号和密码便能登录。

图 13-3 信息发布系统登录界面

2. 信息的发布

进入短信管理选择群发短信并处拟写信息，如图 13-4 所示。

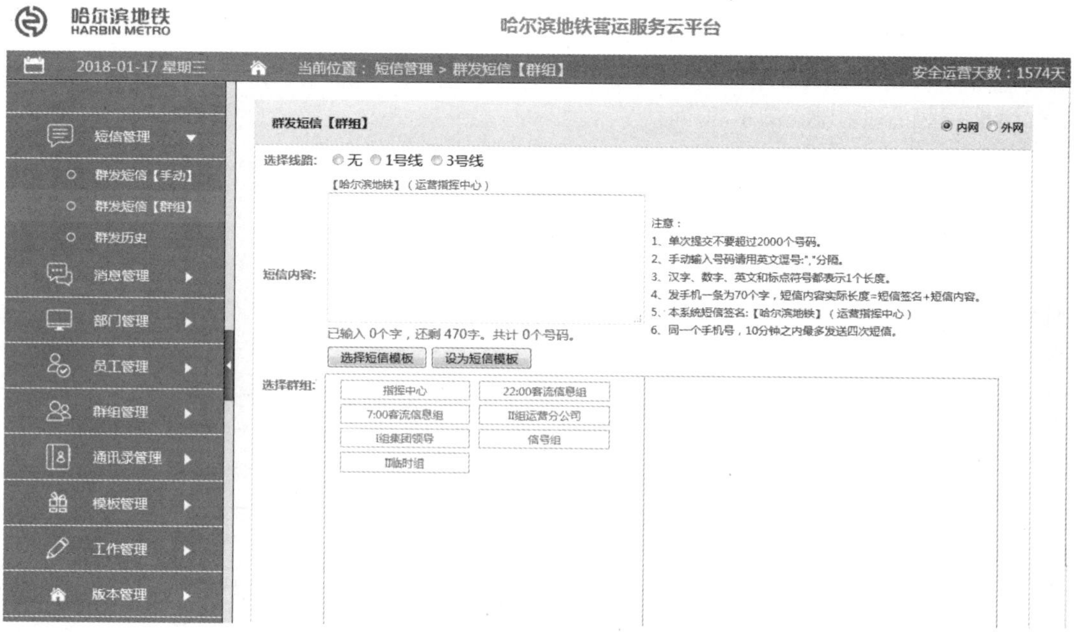

图 13-4

单击选择群组或收件人，如图 13-5 所示。

图 13-5

选择相关人员后，点击确认，则短信发送成功。

单击群发历史按钮，即可查看信息是否发送成功，如图 13-6 所示。

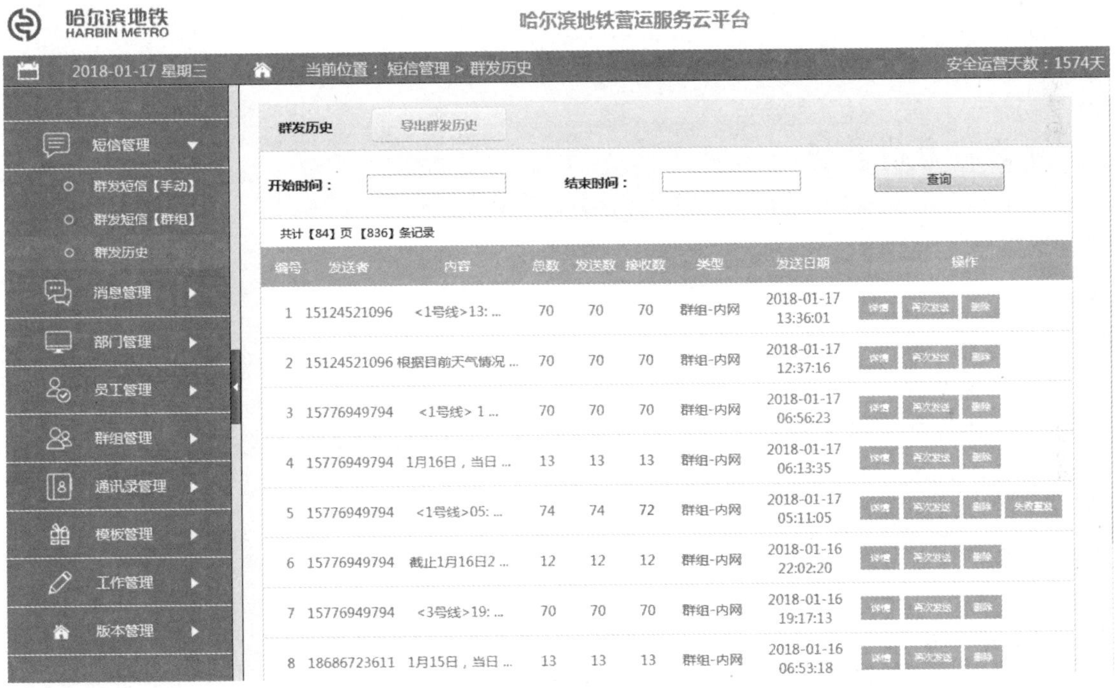

图 13-6

三、注意事项

（1）信息应简洁明了，能客观反映事件/事故的内容、产生的影响以及采取的措施。

（2）持续跟进事件事故处理进度，及时发布最新消息。

四、任务评价

根据以上学习内容，评价自己对本任务内容的掌握程度，在下表相应位置打“√”。

评价内容	差	合格	良好	优秀
对信息发布的掌握程度				
学习中存在的问题或感悟				

任务四 信息发布

一、运营应急信息的发布应总体遵循的原则

（1）确保信息的实时性、准确性、真实性。
（2）事件经过不得瞒报、虚报、漏报。
（3）信息发布依据逐级报告原则。
（4）由内部、上级领导及协作单位并举的原则。
（5）信息分类、分级报送原则。
（6）灾害、灾难性事故遵循就地、就近报告的原则。

二、应急信息的分类

（一）按影响范围分类

（1）影响行车设备。
（2）影响供电设备。
（3）影响环控设备。
（4）同时影响行车、供电设备。
（5）同时影响行车、环控设备。
（6）同时影响供电、环控设备。
（7）同时影响行车、供电、环控设备。

三、应急信息发布对象

1. 生产单位人员

接口单位人员包括：司机、车站、设备维修中心生产调度、各专业工程师等。

2. 相关领导

相关领导或负责人包括：集团领导、分公司领导、各部（中心）负责人。

3. 市政联动单位（电话通知）

市政联动单位包括：公安、消防、卫生、电力、交管等部门。

四、应急信息汇报标准

应急信息汇报需根据故障影响程度确定信息接收对象。主要通报应包括如下内容。

（1）事件、事故或故障发生的具体时间、地点、位置。

（2）现场指挥人姓名、联系方式。

（3）事件、事故或故障发生的原因、影响范围、影响程度。

（4）初步处理方案。

汇报方式为短信（企信通）发布和电话汇报，汇报对象原则上参照信息发布对象分组表决定，值班主任可视情况需要临时调整汇报对象。

汇报内容、汇报要求按照《应急处理程序》和各类应急预案的具体内容，并参照信息发布及主要内容分类表执行。

五、应急信息通报标准

应急信息通报以事件、事故或故障的具体内容来明确信息接收对象。主要通报内容应包括：

（1）事件、事故或故障发生的具体地铁线路［标明（1号线）或（3号线）］；事件、事故或故障的时间、地点、事件、位置、事件通报人职位。

（2）现场指挥人姓名、联系方式。

（3）事件、事故或故障的现象、影响范围、影响程度。

（4）事件、事故或故障的处理进程或结果。

具体通报方式、通报人、通报对象和通报内容等视实际情况并参照各类应急预案的详细规定执行。

六、应急信息发布方式

信息汇报以短信为主，内线、外线电话为辅，信息通报以调度电话、无线调度台为主，同时部分运营服务信息、乘客服务信息将通过PIS系统、广播系统发布。

七、应急信息发布的应急处置

信息发送错误时，发送者应及时发布更正信息。

各部门（中心）负责人日常应指定一名应急处置的备用授权人，以便发生突发事件、事故时，相关岗位在联系不到负责人时，可联系其指定的授权人，从而不影响突发事件、事故的处置。

当应急信息以电话形式发布时，应使用带有录音功能的电话进行主叫通报，遇被叫者无法接通的情况，主叫者应隔适当的时段再次呼被叫者一次，如仍无法接通，主叫者可与其授权人员联系。

平时如被通知者因出差或请假等原因，不能参加突发事件、事故应急处置者，当事人应当事先通知应急信息中转的相关岗位，并明确其授权人及联系方式。

哈尔滨地铁应急信息发布平台如图13-7所示。

图 13-7　哈尔滨地铁应急信息发布平台

八、应急信息对照表

信息分类		发送组别
行车影响类	1. 大面积发生运营延误 5 min 以上。	Ⅰ+Ⅱ组
	2. 因故障造成列车在中间站清客或者抽线或者越站的	Ⅰ+Ⅱ组
	3. 运营期间有人擅自进入正线轨行区、外部人员非法闯入禁止进入地铁区域	Ⅰ+Ⅱ组
	4. 列车采用电话闭塞法、区段行车法组织行车	Ⅰ+Ⅱ组
	5. 列车采用大、小交路、单线双向运行等方式	Ⅰ+Ⅱ组
	6. 正线及车辆段道岔故障，短时间无法恢复，采用手摇道岔、改变进路等措施，对行车造成影响的	Ⅰ+Ⅱ组
消防类	1. 因人为误操作、设备故障或其他原因导致设备房气灭喷洒	Ⅰ+Ⅱ组
	2. 车站火灾、列车火灾、区间火灾、变电所、设备房火灾、指挥中心火灾	Ⅰ+Ⅱ组
轨道类	1. 严重晃车。连续多次列车经过某一区段左右剧烈摇晃或上下颠簸	Ⅰ+Ⅱ组
	2. 轨道异响。连续多次列车经过同一区段出现轨道异响	Ⅰ+Ⅱ组
	3. 正线或车辆段发生列车倾覆、脱轨、分离、挤岔、冲突、轮轴卡死等列车事故	Ⅰ+Ⅱ组
机电类	1. 扶梯梯级堆积、溜梯	Ⅰ+Ⅱ组
	2. 电梯困人超过 1 h 及以上 （注：直梯困人属一级故障，正常下发抢修令，发送 II 组故障短信，当困人达到 1 h 以上须发送集团 I+II 组，短信内容不允许写跟进信息，须重新编辑，同时电话通知相关领导）	Ⅰ+Ⅱ组
	3. 车站站厅/站台大面积照明不亮	Ⅰ+Ⅱ组
	4. 公共区、设备区、区间等位置水管爆裂	Ⅰ+Ⅱ组
	5. 车站严重漏水对运营对行车造成影响的	Ⅰ+Ⅱ组
	6. 整侧安全门或屏蔽门无法联动同时无法利用 PLS 操作打开或关闭	Ⅰ+Ⅱ组
	7. 人防门异常	Ⅰ+Ⅱ组

续表

信息分类		发送组别
通信类	1. 指挥中心与全线各车站、车辆段相互之间专用电话不能通信	Ⅰ+Ⅱ组
	2. 指挥中心无法利用无线设备与列车司机或车站联络	Ⅰ+Ⅱ组
	3. 车站及指挥中心 BAS 系统均通信中断，无法监控	Ⅰ+Ⅱ组
	4. 车站及指挥中心 FAS 系统均通信中断，无法监控	Ⅰ+Ⅱ组
信号类	正线或车辆段异常红光带	Ⅰ+Ⅱ组
供电类	1. 太平桥或电表厂主变电所退出运行，同一主所两台主变压器同时退出运行	Ⅰ+Ⅱ组
	2. 主所一路及以上电源失电	Ⅰ+Ⅱ组
	3. 单个及以上车站一、二路主备电源全部失电	Ⅰ+Ⅱ组
	4. 供电系统设备故障造成正线 1 个及以上供电分区或车辆段大面积接触网失电对行车造成影响的的	Ⅰ+Ⅱ组
	5. 1 个及以上车站一、二类负荷停电超过 30 min 及以上	Ⅰ+Ⅱ组
	6. 接触网悬挂异物，影响正常行车	Ⅰ+Ⅱ组
	7. 市网波动影响行车或大面积客运服务的，如多站电梯停梯	Ⅰ+Ⅱ组
	8. 指挥中心级 SCADA 系统全部失去监控功能	Ⅰ+Ⅱ组
AFC 类	9. 单个及以上车站全部 AFC 终端设备无法售票、无法进站、无法出站	Ⅰ+Ⅱ组
	10. 单个及以上车站全部闸机、售票机无法开机	Ⅰ+Ⅱ组
车辆类	1. 列车重大故障造成中断行车、列车救援等影响	Ⅰ+Ⅱ组
	2. 全列单侧车门无法打开，且无法恢复	Ⅰ+Ⅱ组
自然灾害类	地震、台风、特大汛情等自然灾害事件造成中断行车、车站关站等影响	Ⅰ+Ⅱ组
治安类	1. 爆炸、毒气、可燃气体泄漏、聚众闹事、暴力冲突、指挥中心遭恐怖袭击等严重治安事件造成车站关站、人员紧急疏散等影响	Ⅰ+Ⅱ组
	2. 地铁接到可能发生恐怖事件信息、车站发现可疑物品人员需要采取中断行车、车站关站措施	Ⅰ+Ⅱ组
	3. 群体上访事件并对地铁运营造成影响	Ⅰ+Ⅱ组
	4. 大型交通枢纽站（火车站等）因外部原因造成大量客流滞留，地铁需提前准备应对措施	Ⅰ+Ⅱ组
	5. 人为损坏或恶意破坏地铁设备设施的	Ⅰ+Ⅱ组
人员伤亡类	地铁范围内发生乘客、员工死亡、重伤	Ⅰ+Ⅱ组
其他类	启动一级保障的	Ⅰ+Ⅱ组
	公司认定的需要向集团报备的重大施工	Ⅰ+Ⅱ组

九、任务评价

根据以上学习内容，评价自己对本任务内容的掌握程度，在下表相应位置打“√”。

评价内容	差	合格	良好	优秀
对实时监控视频切换的掌握程度				
对历史视频回放功能的掌握程度				
学习中存在的问题或感悟				

模块训练

任务训练单

班组：　　　　　　　　　　　　　　姓名：　　　　　　　　　　训练时间：

任务训练单	设备操作相关作业
任务目标	掌握智能调度台、无线调度台/手持台、信息发布平台和CCTV的操作
任务训练	请从下列任务中选择其中两个进行训练：智能调度台的操作、无线调度台/手持台的操作、信息发布平台的操作、CCTV的操作
任务训练一： （说明：总结作业流程）	
任务训练二： （说明：总结作业流程）	
任务训练的其他说明或建议：	
指导老师评语：	
任务完成人签字： 日期：　年　月　日 指导老师签字： 日期：　年　月　日	

模块小结

本模块讲述了智能调度台、无线调度台/手持台、信息发布平台和 CCTV 的功能、作用以及操作。在遇到故障和突发事件时，通过更好更快地使用现有设备，将影响降至最小，并能第一时间掌握现场情况。

模块自测

一、填空题

1. 智能按键调度台由以下几部分组成：(　　　　)(　　　　)(　　　　)，右功能区：(　　　　) 和 (　　　　)。

2. 应急信息应遵循 (　　　　)(　　　　)(　　　　)(　　　　) 的原则。

二、简答题

1. 如何查询信息是否发送成功？

2. 简述 CCTV 功能。

模块十四　信息收集与发布

任务一　日报工作

一、日报填写规范

（1）设备调度员员当值期间需填写“运营日报”和“指挥中心日报”，日报是对地铁每日客运服务事项的总结和整理。

（2）运营日报填写内容：安全运营天数、填写日期、天气情况、客运量情况、客运行车情况、客车准点情况、电能消耗情况、其他情况说明、记录与审核，模板如表 14-1 ~ 14-7 所示。

① 客运量情况。

表 14-1

运营日报

安全运营天数：1 947　　　2019 年 1 月 24 日（星期四）　　　填报单位：指挥中心

天气预报：阴，温度 −20 °C ~ −6 °C

线网客运量情况									
线　路	本日客流			月累计客运量（万乘次）	本月日均客运量（万乘次）	年累计客运量（万乘次）	年累计日均客运量（万乘次）	开通至今累计（万乘次）	开通至今累计日均（万乘次）
	客运总量	进站	换乘						
1、3 号线	273 920	233 844	40 076	623.39	25.97	623.39	25.97	38 981.59	20.02
1 号线客运量情况									
线　路	本日客流			月累计客运量（万乘次）	本月日均客运量（万乘次）	年累计客运量（万乘次）	年累计日均客运量（万乘次）	开通至今累计（万乘次）	开通至今累计日均（万乘次）
	总客运量	进站	换乘						
1 号线	229 555	208 165	21 390	520.34	21.68	520.34	21.68	36 535.17	18.76

表 14-2

1 号线客运量高峰统计情况			
统　计	高峰小时断面客流	早高峰客运量（7:00 ~ 9:00）	晚高峰客运量（17:00 ~ 19:00）
客运量（人次）	上行：3 773（8 时 ~ 9 时西大桥至哈工大） 下行：4 463（17 时 ~ 18 时铁路局至哈工大）	18 592	19 973

表 14-3

1号线客运量分类统计情况							
类型 名称	单程票	城市通	员工工作票	计次纪念票	互联互通卡	二维码	银联卡（手机 pay）
客流量	80 555	121 533	6 077	0	25	1 698	26 004
比例	34.15%	51.52%	2.58%	0.00%	0.01%	0.72%	11.02%

② 客车运行情况。

表 14-4

当日时刻表	最大上线列车数	最小行车间隔	备用车数
SC10-04	10	7分28秒	1

计划开行（列）				实际开行（列）			
本日	月累计	年累计	开通至今累计	本日	月累计	年累计	开通至今累计
241	241	241	381 597	241	241	241	381 451
况现率（%）				**准点率（%）**			
本日	月累计	年累计	开通至今累计	本日	月累计	年累计	开通至今累计
100.00%	100.00%	100.00%	99.96%	100.00%	100.00%	100.00%	99.93%
始发准点（列）				**终到准点（列）**			
本日	月累计	年累计	开通至今累计	本日	月累计	年累计	开通至今累计
241	241	241	381 440	241	241	241	381 236
始发晚点（列）				**终到晚点（列）**			
本日	月累计	年累计	开通至今累计	本日	月累计	年累计	开通至今累计
0	0	0	8	0	0	0	215

始发、终到晚点合计（列）				加开（列）		
本日	月累计	年累计	开通至今累计	本日	月累计	年累计
0	0	0	223	0	0	0

救援（列）			跳停（列）			抽线（列）			下线（列）		
本日	月累计	年累计	本日	月累计	年累计	本日	月累计	年累计	本日	月累计	年累计
0	0	0	0	0	0	0	0	0	0	0	0

清客（列）						运营里程				
故障清客			运营调整			本日（列公里）	月累计（万列公里）	年累计（万列公里）	开通至今（万列公里）	线网累计至今（万列公里）
本日	月累计	年累计	本日	月累计	年累计					
0	0	0	0	0	0	4 345.94	0.43	0.43	695.11	724.24

载客里程				空驶里程			
本日（列公里）	月累计（万列公里）	年累计（万列公里）	开通至今（万列公里）	本日（列公里）	月累计（万列公里）	年累计（万列公里）	开通至今（万列公里）
4 151.51	0.42	0.42	657.27	194.43	0.02	0.02	37.83

③ 客动准点情况。

表 14-5

晚点情况	2～5分钟（当日/月累计）			5～10分钟（当日/月累计）			10～15分钟（当日/月累计）			15分钟以上（当日/月累计）			总计（当日/月累计）		
	始发	终到	合计	始发	终到	合计	始发	终到	合计	始发	终到	合计	始发	终到	合计
晚点列数	—	0/2	0/2	—	—	—	—	—	—	—	—	—	—	0/2	0/2

④ 电能消耗情况。

表 14-6

1号线一、二期当日电能消耗（单位：千瓦时）							
牵引电耗	动力及照明电耗				电表厂总电耗	太平桥总电耗	总电耗
	正线动力及照明电耗	车辆段(400 V)电耗	地铁大厦(400 V)电耗	总计			
75 803	127 297	8 736	9 744	145 777	116 640	104 940	221 580
牵引用电比（%）				动力及照明用电比（%）			
34.21				65.79			
电能消耗汇总							
本月牵引总电耗	本月动力及照明总电耗	本月总电耗	日均电耗	累计总电量（2013年9月26日至今）			
1 782 524	3 603 936	5 386 460	224 436	329 578 172			

⑤ 其他情况说明。

表 14-7

类　别	其他情况说明

（3）指挥中心日报填写内容。

当日时刻表、列车使用情况、列车服务情况、运行指标情况、票卡使用情况、电能消耗情况、施工情况、交通学院—桦树街区间情况、故障接报及处理情况、投诉情况、其他情况说明、记录与审核，模板如表 14-8～14-12 所示。

① 当日时刻表。

表 14-8

指挥中心日报

2018年1月1日（星期一）　　安全运营天数：1 559天

天气预报：晴，温度－23 °C～－12 °C

当日时刻表	
编号	SC10-04
区间	哈东站～哈南站
上线列车数	10
首末班时间（哈东站、哈南站）	首班 06:00　末班：21:30

② 列车使用情况。

表 14-9

线路	运用车	备用车	调试车	检修车	其他
1 号线	0101/0102/0104/0106/0107 0108/0110/0113/0114/0116	0103	—	105/0109/0111 0112/0115/0117	—

③ 施工情况。

表 14-10

施工数量统计	周计划施工数	1	日补充计划施工数	0	临时补修计划施工数	0	抢修施工数	0	计划总数	1
	实际完成数	1	实际完成数	0	实际完成数	0	实际完成数	0	实际完成总数	1
情况说明	今日无施工计划取消									

④ 故障接报及处理情况。

表 14-11

情况说明	项目	车辆	供电	信号	通信	工建	机电	AFC	其他	合计
	本日	0	0	0	0	0	0	0	0	0
	本月累计	8	3	15	1	0	6	0	7	40
	一、新增问题									
	无									
	二、遗留问题									
	无									

⑤ 记录与审核。

表 14-12

填表人	×××（白班） ×××（夜班）	审核人	×××（白班） ×××（夜班）	填表日期	2018 年 1 月 2 日 7 时 00 分

（4）指挥中心日报中新增问题需详细填写事件发生的时间、地点、时间、故障原因，简明扼要填写事件标题和故障主要处理流程，详细记录事件并跟进时间，示例如下。

3. 桦树街站 400 V II 段东端 AFC 主故障信号

1 月 2 日 06:18 电调通过 SCADA 系统发现：桦树街站 400 V II 段东端 AFC 主故障信号；

06:18 电调通知供电部调度派人到现场核实处理

07:00 工班人员确认现场设备正常，故障信息为系统误报。

故障原因：系统误报。

2. 0322 次（0112 车）主控钥匙无法转动

12 月 31 日 18:34 0322 次（0112 车）司机报：列车在哈南站上行站台主控钥匙无法转动；

18:34 行调通知车辆检修调度派人处理；

18:36 行调组织 0322 次退出服务，后续列车改为哈南下行折返，段内热备车上线替开故障列车；

19:40 0122 车司机报：列车主控钥匙恢复正常；

19:40 行调组织故障列车空驶回段；

1 月 1 日 23:15 检调回复：驻站、工程师及厂家人员上车查看司控器主控钥匙操作过紧但可以转，车辆回库后更换 6 车司控器恢复正常

1 月 1 日跟进情况：故障原因为司控器故障

（5）指挥中心日报中当日未处理的新增问题，需放入第二日中心日报的遗留问题中，遗留问题连续跟进 3 至 5 个工作日后放入“遗留问题”word 文档中，待生产调度回复。

（6）设备调度员每日早 7:00 前需询问设备调度员环控设备及 FAS 设备故障信息情况，如有新增问题，需填入“环控及 FAS 设备故障信息通报”一栏中，并于 7 时以短信形式通报环控及 FAS 设备故障相关信息，如表 14-13 所示。

表 14-13

三、1 号线环控及 FAS 设备故障信息通报
1. 环控风机情况更新： 无 2. FAS 设备故障情况： 无

（7）日报填写完毕后需填写“填表人、审核人及填表日期”等相关信息，如表 14-14 所示。

表 14-14

六、填表与审核

填表人	×××（白班） ×××（夜班）	审核人	×××（白班） ×××（夜班）	填表日期	2018 年 1 月 2 日 7 时 00 分

二、任务评价

根据以上学习内容，评价自己对本任务内容的掌握程度，在下表相应位置打“√”。

评价内容	差	合格	良好	优秀
对运营日报填写工作的掌握程度				
对指挥日报填写工作的掌握程度				
学习中存在的问题或感悟				

任务二　日常信息发布

一、信息发布的时间标准

（1）当发生紧急情况或列车晚点超过 10 min 及以上时，及时在 PIS 系统上以预案模板或临时拟写的方式全屏发布应急信息。

（2）使用“短信平台”发布信息时，设备调度员在接到故障/事件的报告后 5 min 内发布初步信息，若故障/事件影响持续存在，应在了解现场情况后及时发布最新信息，视图如图 14-1 所示。

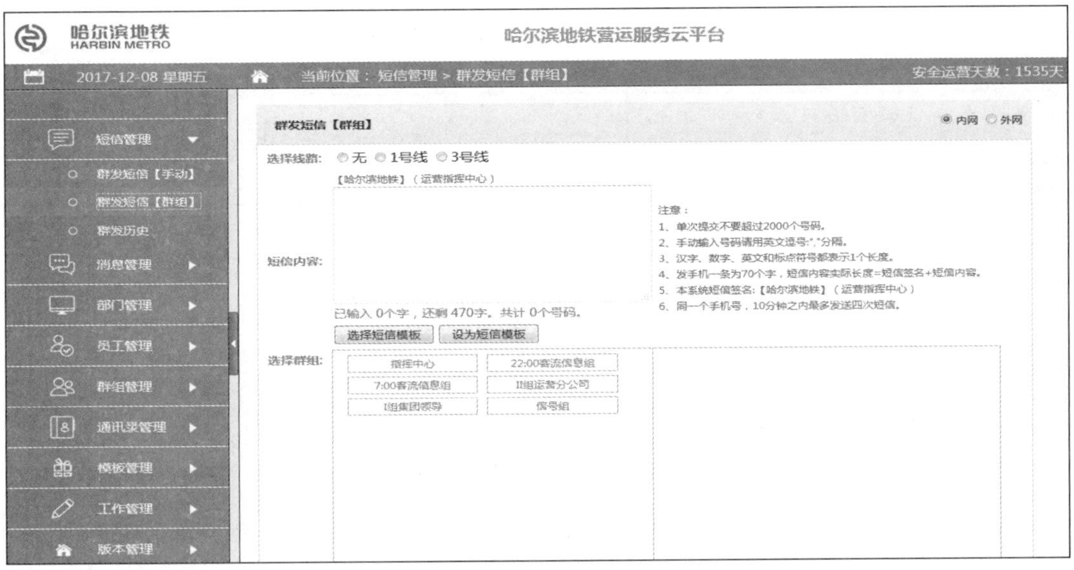

图 14-1

（3）遇设备故障影响列车导致晚点时，值班主任助理应主动了解列车晚点的原因、晚点时间、列车的运行方向，必要时在 PIS 终端将列车晚点信息向乘客发布。

（4）遇车站发生治安事件，设备调度员了解现场情况后及时通报或督促车站通报地铁公安指挥室，根据具体情况向各车站发布信息，以防止同样事件的再次发生。

（5）遇其他故障、事件发生时，设备调度员应按照《运营应急信息发布管理规定》的规定或值班主任的要求及时收集与发布信息。

（6）如遇道岔信号类相关故障，除应发“II 组运营分公司”外还需发送“信号组”组别人员，确保重要运营信息发布的全面性，日常信息的发布切忌缺项及漏发等情况发生。

（7）7 时客流短信信息如下。

早 7:00（7:00 客流组）

2019 年 1 月 23 日，线网总客运量 27.34 万乘次，其中包含换乘量 4.00 万人次，出行量 23.33 万人次（1 号线 20.85 万、3 号线 2.47 万）。年度线网累计总客运量 596.00 万乘次，其中包含换乘量 88.56 万人次，出行量 507.44 万人次，年度累计日均客运量 25.91 万人次，运行里程 14.61 万列公里，开通至今安全运营总计 1 946 天，累计总客运量 38 954.20 万乘次，其中包含换乘量 2275.13 万人次，出行量 36 679.07 万人次，开通至今日均客运量 20.02 万乘次，运行里程 968.26 万列公里。【注：自 2019 年 1 月 1 日起，客运量增加换乘人次】

（8）22 时客流信息短信如下。

晚 21:30（21:30 客流组）

截止 1 月 12 日 22:00，线网进站总人数：256 213 人，出站总人数：255 164 人；1 号线进站：232 650 人，出站：231 435 人；3 号线进站：23 563 人，出站：23 739 人。

二、任务评价

根据以上学习内容，评价自己对本任务内容的掌握程度，在下表相应位置打“√”。

评价内容	差	合格	良好	优秀
对短信平台使用的掌握程度				
对日常信息发送的掌握程度				
学习中存在的问题或感悟				

任务三　应急信息发布

一、应急信息发布的时机

（1）当发生故障、事件、事故或其他情况影响地铁运营且预计晚点 3 min 及以上时，设备调度员及时向各车站发布晚点信息。

（2）当列车延误累计 10 min 或以上时，设备调度员发布 PIS 信息。

（3）当预计将进一步晚点（特别是预计晚点 10 min 及以上、20 min 及以上）时，由设备调度员提醒行车调度员须向各车站、受影响列车发布晚点信息。

（4）经过行车调整控制，全线列车运行间隔相对稳定，设备调度员及时向各车站、服务总台发布晚点调整信息。晚点调整信息为列车运行间隔与计划运行间隔的差值。

（5）故障恢复，全线列车基本能按时刻表运行后，设备调度员及时向各车站、服务总台发布恢复正常运营的信息，如有 PIS 信息，取消 PIS 信息发布。

二、PIS 系统应急信息发布标准

考虑 PIS 发布应急信息的舆论影响，PIS 发布的应急信息必须是对乘客影响较大的、必要的、紧急的，并以全屏覆盖日常 PIS 内容的形式实现。

PIS 应急信息发布必须及时、规范、严谨、可控，信息内容必须简明扼要、真实、准确，严禁发布错误信息或其他与运营无关的信息。

发布 PIS 应急信息时，原则上由指挥中心使用 PIS 应急信息模板进行应急信息发布，有变更的内容，需由提出单位填写 PIS 应急信息发布内容审定单。

界面如图 14-2 所示。

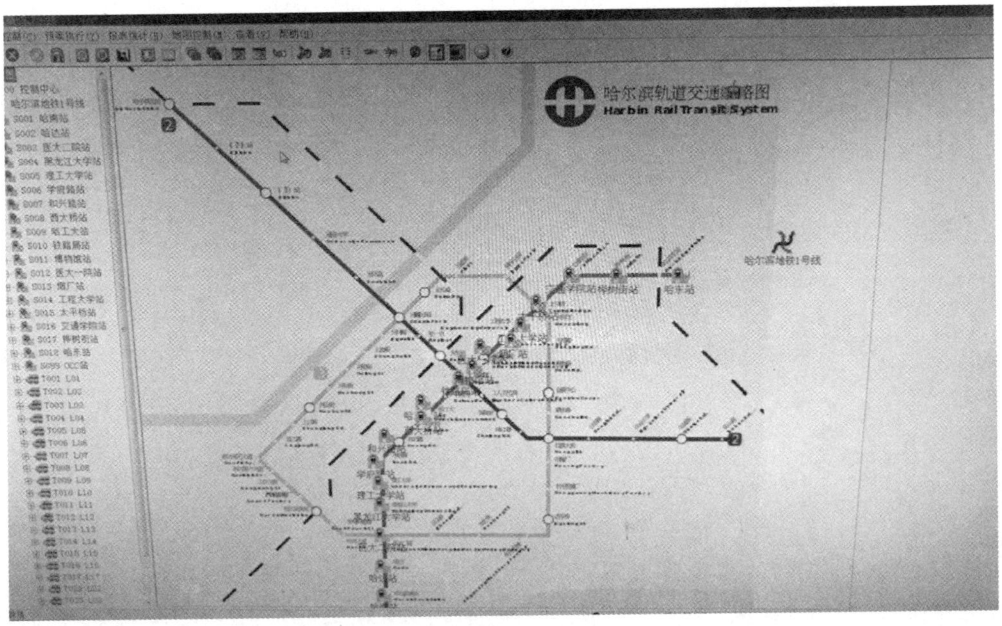

图 14-2

三、PIS 发布内容及形式

PIS 发布内容及形式如表 14-15 所示。

表 14-15　PIS 发布内容及形式

序号	事件名称	启动条件	显示区域	显示内容	结束条件
1	列车延误预案	因故导致大面积列车延误，预期延误时间超过 20 min 的	全线车站滚动播放	各位尊敬的乘客,我们非常抱歉地通知您，由于突发故障，×号线列车将有延误，有急事的乘客，请改乘其他交通工具，感谢您的谅解与配合	故障结束
2	列车越站预案	特殊原因导致列车不停站通过	全线车站滚动播放	各位尊敬的乘客，由于突发故障，列车将在×站不停站通过，需要前往该站的乘客请改乘其他交通工具，感谢您的谅解与合作	故障结束
3	车站停止服务	特殊原因导致车站停止服务，需要疏散乘客	本线采用全屏模式，其他车站发布列车越站预案	各位尊敬的乘客，由于突发故障，本站暂停服务，请改乘其他交通工具，感谢您的谅解与合作	故障结束
4	全线停止服务	险情、特殊原因导致线路、区段停止服务，需要疏散乘客	本线各站以全屏形式，临线各站以滚动形式发布	各位乘客请注意，由于突发故障，×号线的列车服务将终止，请改乘其他交通工具，出站时请听从工作人员的指引，感谢您的谅解与合作	故障结束
5	设备故障，天气原因导致线路、区段停止服务，需要疏散乘客	区段停止服务，需要疏散乘客	本线受影响车站、区段采用全屏，其他车站滚动播发。	各位尊敬的乘客，我们非常抱歉通知您，由于发生突发情况，×号线××站—××站将暂停服务，请改乘其他交通工具，出站时请听从工作人员的指引，感谢您的谅解与合作	故障结束

四、PIS紧急消息发布操作流程

一、软件登陆

（1）在电脑桌面找到网络监控软件快捷方式如图 14-3 所示。

图 14-3　网络监控软件快捷方式

（2）双击快捷方式后登录网络监控软件，如图 14-4 所示。

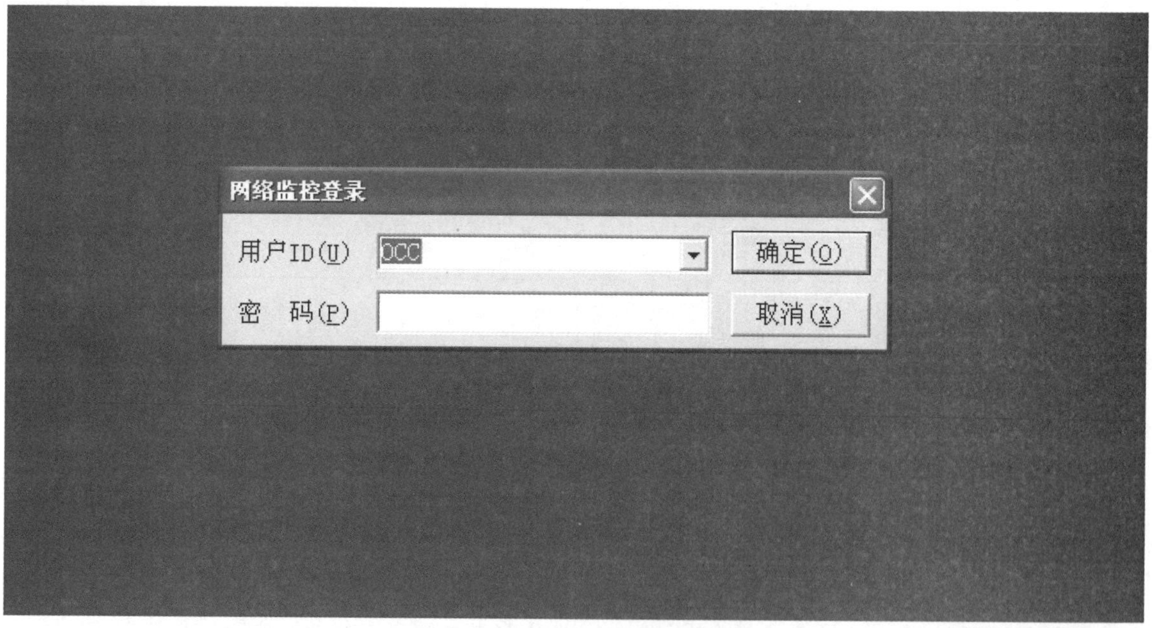

图 14-4　登录网络监控软件

输入用户名及密码，点击确定。

（3）软件登录成功后，出现如图 14-5 所示的界面。

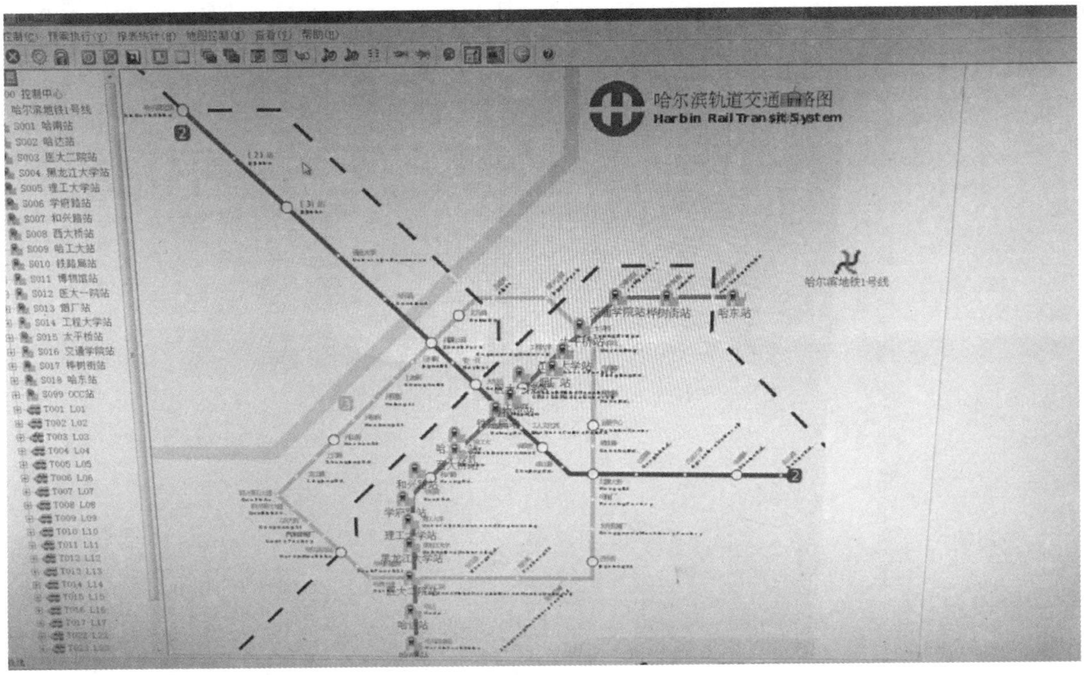

图 14-5　网络监控软件界面

二、信息管理及编辑

当登录网络管理软件后，我们首先要编辑好需要下发的信息。

点击网络监控软件左上角第二个图标——“信息管理”，出现如图 14-6 所示的界面。

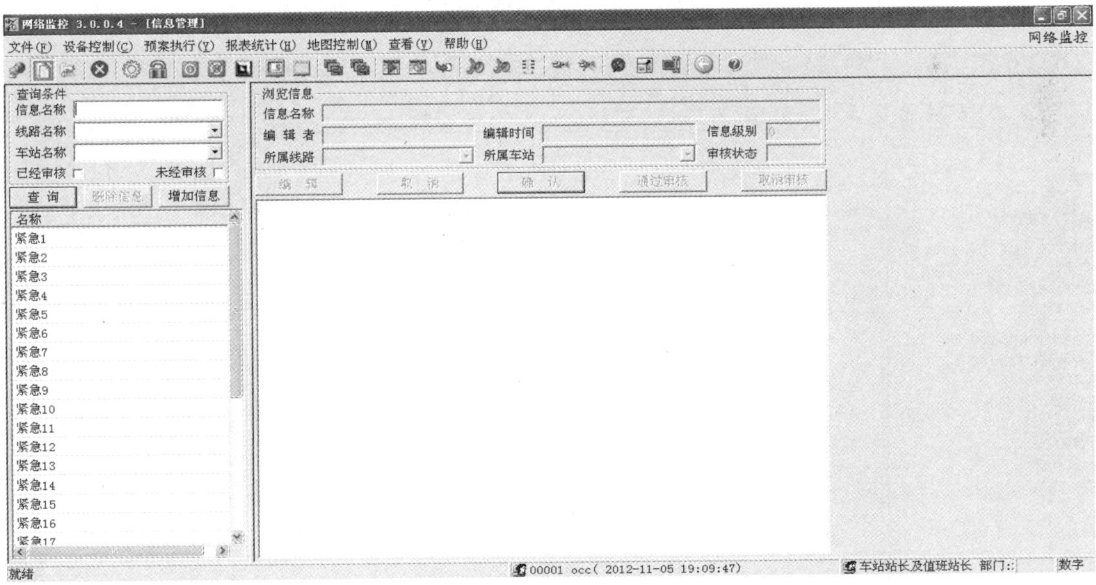

图 14-6

（1）点击“增加信息”，我们就可以对信息进行编辑了，如图 14-7 所示。

（2）输入信息名称，所属线路选择“哈尔滨地铁 1 号线”，并输入需要发布的紧急信息的内容，点击“确定”，再点击“通过审核”，这样一条信息就编辑好了。在这里，信息名称不能和已存在的信息同名。

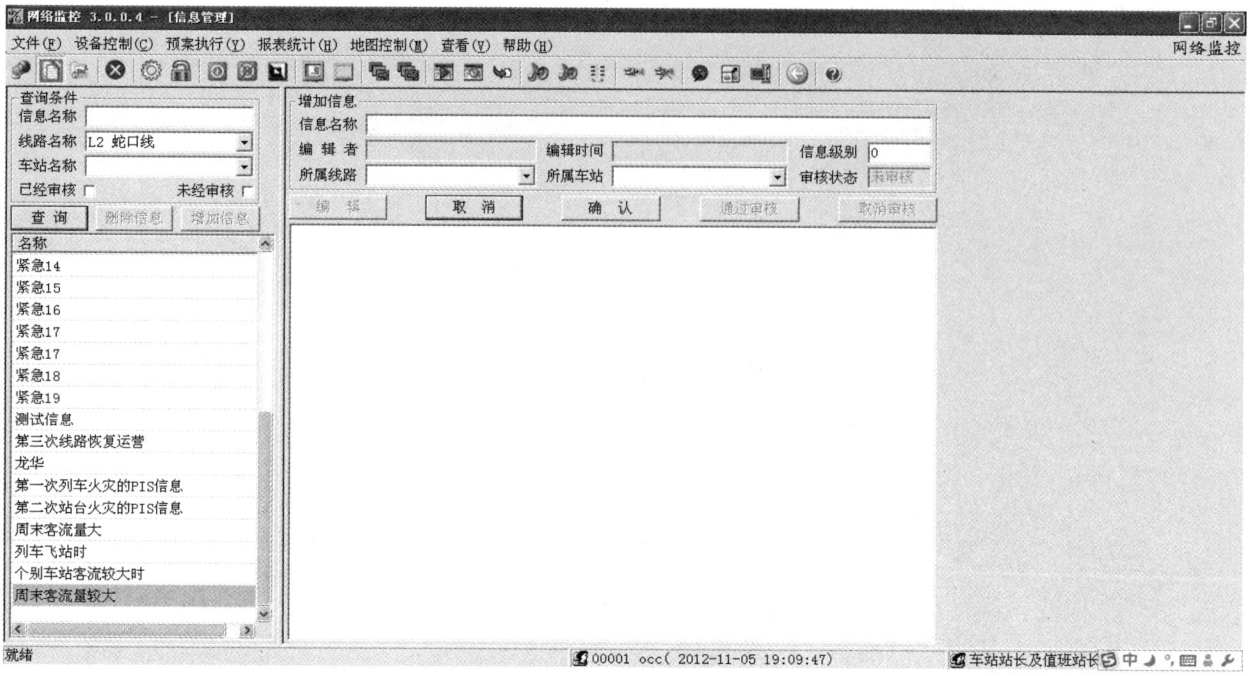

图 14-7

三、预案管理

当一条信息编辑好后，我们就可以进行预案编辑，在这里我们可以选择预案的发布类型、哪些设备需要发布紧急消息、需要发布的紧急消息内容等等。

点击网络监控软件左上角第三个图标——“信息管理”，出现如图 14-8 所示的界面。

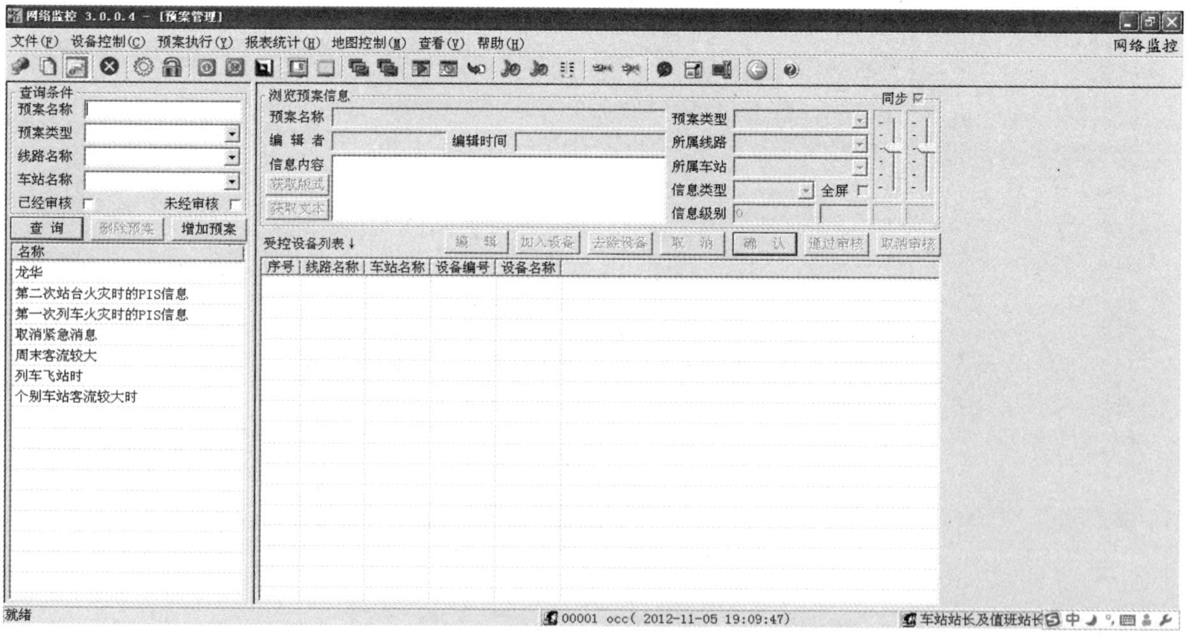

图 14-8

（1）点击“增加预案”，在这里，我们可以对预案进行编辑，如图 14-9 所示。

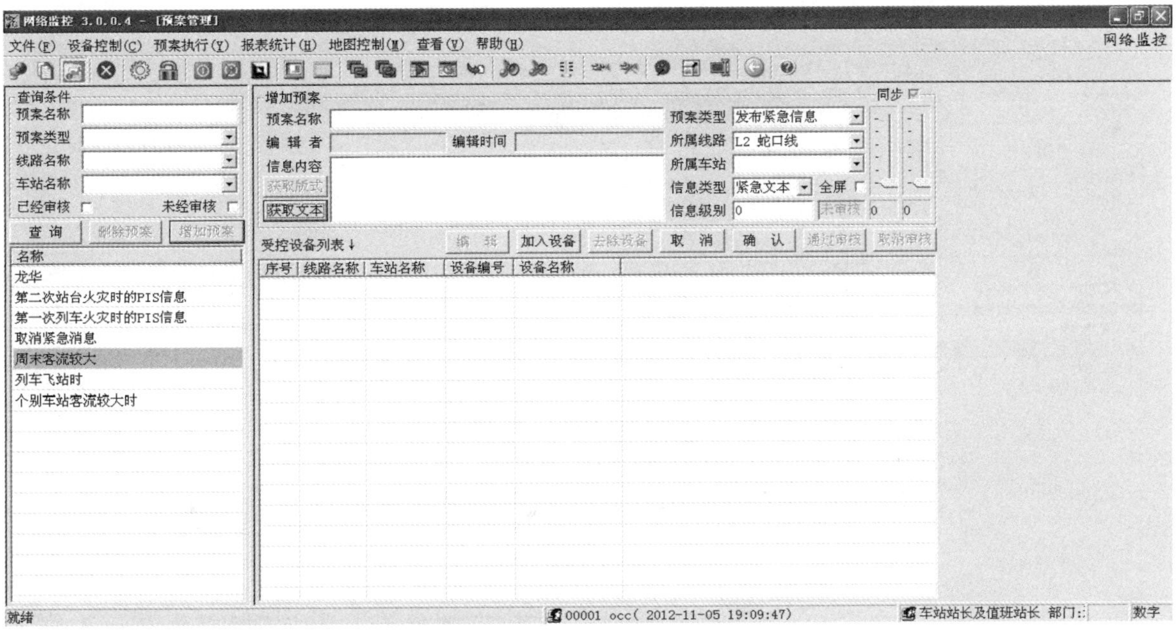

图 14-9

（2）当要下发紧急消息时，我们输入预案名称，预案类型选择“发布紧急消息”，所属线路选择“哈尔滨地铁 1 号线”，信息类型选择“紧急文本”，全屏点勾，点击“获取文本”，出现如图 14-10 所示的界面，选择需要发布的信息，点击“确定”，这里预案名称也不能重复。

图 14-10

（3）点击“加入设备”，出现如图 14-11 所示的界面，界面左边为全线 PIS 屏控制器设备，点击 ，将所有设备加入预案管理中，点击确定。如要对某个车站、某台设备进行紧急消息发送，可在“车站”处选择某站某设备。

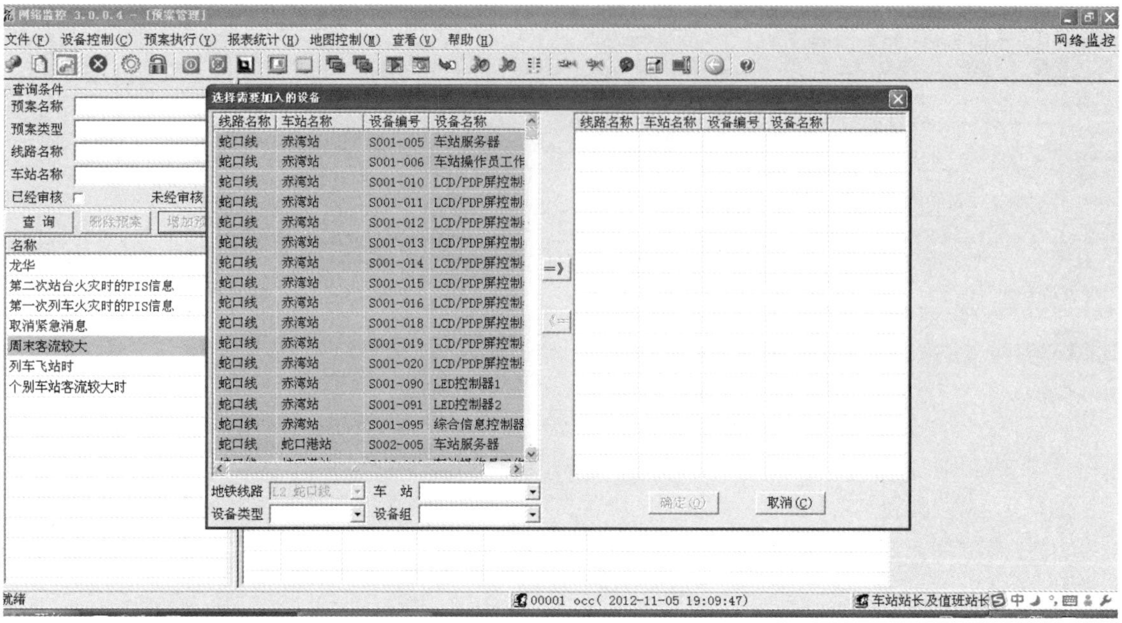

图 14-11

（4）设备加入后，出现如图 14-12 所示的界面，点击“确认”，再点击“通过审核”，这样一条预案就成功被编辑完成了，当这条预案被执行后，PIS 显示屏就会显示信息内容中的信息了。

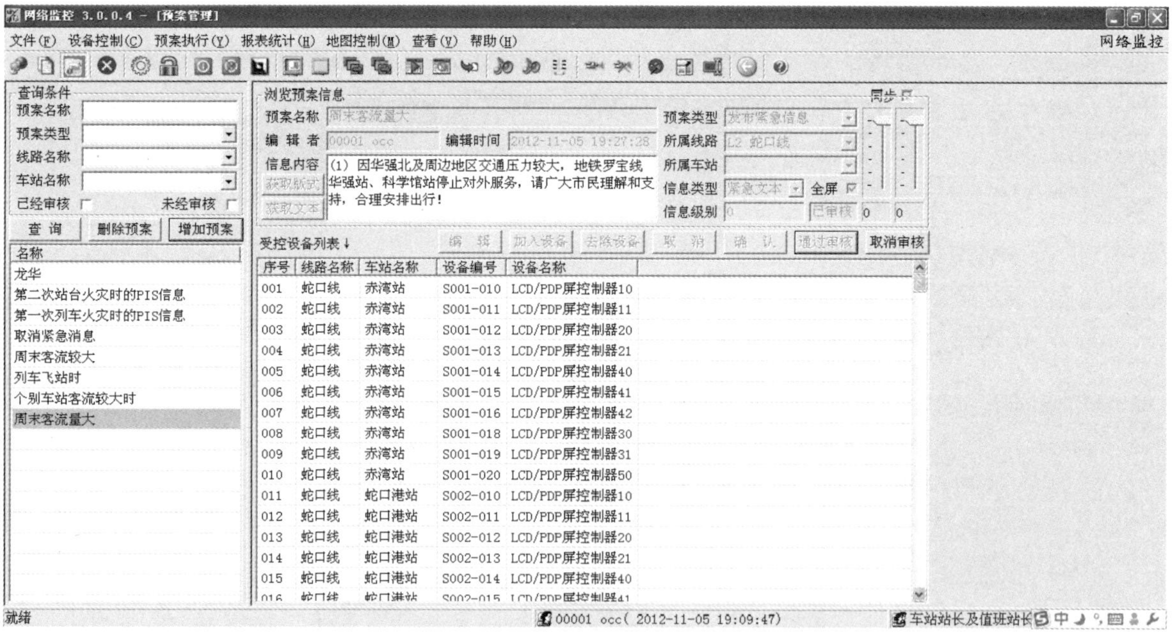

图 14-12

（5）当要取消紧急信息的发布时，我们需要另外再增加一条预案，出现如图 14-13 所示的界面：输入预案名称，预案类型选择“取消紧急信息”，点击“加入设备”，把设备加入其中，点击“确定”，点击“通过审核”，这样，当执行这条预案后，PIS 显示屏就会停止显示紧急信息，恢复正常播放。

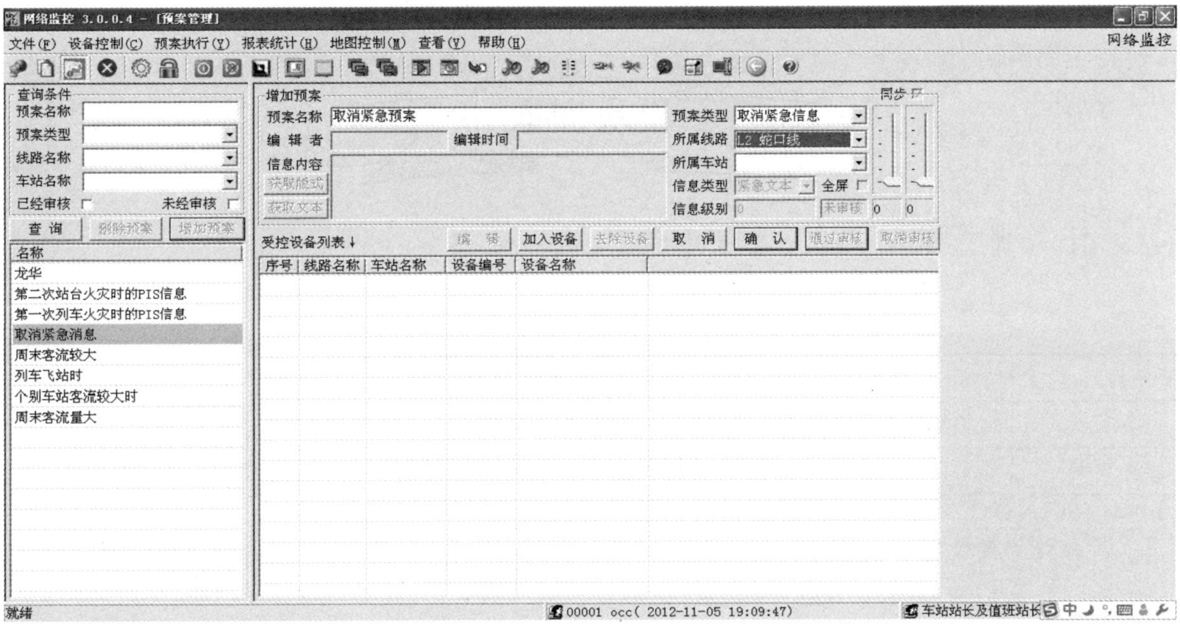

图 14-13

任务评价

根据以上学习内容，评价自己对本任务内容的掌握程度，在下表相应位置打“√”。

评价内容	差	合格	良好	优秀
对 PIS 发布的掌握程度				
对 PIS 发布区域选择的掌握程度				
对普通信息和应急信息的掌握				
学习中存在的问题或感悟				

模块训练

任务训练单

班组：　　　　　　　　　　姓名：　　　　　　　　　　训练时间：

任务训练单	设备操作相关作业
任务目标	掌握日报填写规范、信息平台使用及PIS操作
任务训练	请从下列任务中选择其中两个进行训练：日报填写、信息平台使用、PIS操作
任务训练一： （说明：总结作业流程）	
任务训练二： （说明：总结作业流程）	
任务训练的其他说明或建议：	
指导老师评语：	
任务完成人签字： 日期：　年　月　日 指导老师签字： 日期：　年　月　日	

模块小结

本模块讲述了日报填写规范、信息平台使用及 PIS 操作的相关知识。在遇到故障和突发事件时，通过更好更快地使用现有资源，将影响降至最小，并能第一时间掌握现场情况。

模块自测

一、填空题

1. 指挥日报的填写包括哪几项：(　　　　)(　　　　)(　　　　)(　　　　)(　　　　)电能消耗情况、(　　　　)(　　　　)(　　　　)(　　　　)(　　　　)、记录与审核等 12 项内容。

2. 应急信息应遵循(　　　　)(　　　　)(　　　　)(　　　　)的原则。

二、简答题

1. 如何查询信息是否发送成功?

2. 简述 PIS 功能。

模块十五　团队协作

一、工作接口

本文件规定了哈尔滨地铁 1 号线设备调度员与行车调度员、设备调度员、设备调度（维修）、值班主任等各调度之间的工作接口情况，如表 15-1 所示。

表 15-1

步骤	负责人	项　目	内　容
1	设备调度员（维修）	设备调度员值班主任工作接口	发生事故和突发事件时协助值班主任确定抢修、开通方案
2			及时了解处理进展，并适时向值班主任汇报
1	设备调度员（维修）	设备调度（维修）行车调度员工作接口	在发生影响行车的故障（事故）或检修作业时，设备调度（维修）与行车调度员发生直接的工作联系。在此期间，设备调度（维修）全力配合行车调度员各项组织工作
2			在物资设施系统、设施设备的故障（事故）处理过程中，当行车调度员发布封锁命令并授权设备调度（维修）进行故障（事故）处理指挥后，封锁区间内的一切工作由设备调度（维修）统一发令指挥，直至故障恢复，行车调度员取消授权为止
3			设备调度（维修）接到行车调度员维修（抢修）的报告后，除及时组织有关人员处理外，还应在故障的处理过程中，随时掌握处理进度和故障的初步原因，并通报给 OCC 值班主任
4			抢修组织过程或运营秩序发生紊乱时，行车调度员应将列车晚点情况告知设备调度（维修），由设备调度（维修）通报各车站及发布相应的 PIS 信息
1	设备调度员	设备调度员设备调度（操作）工作接口	设备调度接收供电中心值班人员及巡检、检修人员的故障（事故）报告并对故障（事故）按"先通后复"的原则发布运行方式改变和紧急处理的指令，处理过程中如需物资设施部配合协助的，及时与设备调度（维修）联系
2			设备调度（维修）在接到设备调度紧急处理中的配合要求后，应立即向相关专业、人员发出配合作业命令或向相关部门提出配合要求，并监督处理过程，及时报告进展情况
3			设备调度（操作）将供电故障影响范围、停电区段、时间报设备调度备案。故障处理工作完成后，设备调度员必须将故障（事故）的详细情况、处理结果、故障（事故）原因等报设备调度（操作）备案。若不能及时抢修恢复正常供电时，将目前故障的处理程度、影响范围和检修所需的时间通知设备调度（操作）

续表

步骤	负责人	项　目	内　容
4	设备调度员	设备调度员设备调度（操作）工作接口	设备调度（维修）在接到设备调度的紧急处理报告后，记录备案；若需要进行进一步维修处理的，通报供电专业进行安排。设备调度（维修）在接到设备调度紧急处理中的配合要求后，应立即向相关专业发出配合作业的命令或向相关部门提出配合要求，并将配合工作的反馈结果及时通知设备调度
5			设备调度（维修）在接到设备调度员、机电等人员的故障报告后，立即向相关专业发出作业命令或向相关部门提出配合要求
6			设备调度（维修）在接到设备调度员紧急处理的要求后，立即向相关专业发出作业命令或向相关部门提出配合要求。紧急处理工作结束后，设备调度（维修）应将故障（事故）的详细情况及处理结果、故障（事故）原因等通知设备调度员
1	设备调度（维修）	设备调度（维修）检调工作接口	设备调度（维修）接故障（事故）报告，需要运用车辆部专业管理的接触网作业车、平板车等工程车配合，需进一步维修处理时，应立即向检调提出配合要求
2			检调在接设备调度（维修）的配合要求后，应立即组织工程车等相关人员，并在 10 min 内响应配合要求
3			设备调度（维修）每天 22 时应与检调核对当日车辆故障及修复情况并及时更新指挥中心日报

二、任务评价

根据以上学习内容，评价自己对本任务内容的掌握程度，在下表相应位置打“√”。

评价内容	差	合格	良好	优秀
对设备调度（维修）与各调度接口掌握程度				
学习中存在的问题或感悟				

模块训练

任务训练单

班组：　　　　　　　　　　姓名：　　　　　　　　　　训练时间：

任务训练单	设备操作相关作业
任务目标	掌握设备调度（维修）与各调度接口
任务训练	设备调度（维修）与各调度接口基本知识
任务训练一： （说明：总结作业流程）	
任务训练二： （说明：总结作业流程）	
任务训练的其他说明或建议：	
指导老师评语：	
任务完成人签字： 日期：　年　月　日 指导老师签字： 日期：　年　月　日	

模块小结

本模块讲述了设备调度员与各调度接口的相关知识。在遇到故障和突发事件时，通过更好更快地使用现有资源，将影响降至最小，并能第一时间掌握现场情况。

模块自测

一、填空题

1. 设备调度员与设备调度（操作）接口：(　　　　)(　　　　)。
2. 设备调度员与行车调度接口：(　　　　)(　　　　)(　　　　)(　　　　)。

二、简答题

1. 简述设备调度员与值班主任有哪些接口？
2. 简述设备调度员与设备调度（操作）有哪些接口？

模块十六　应急处理

学习目标

1. 掌握列车故障应急处理流程。
2. 掌握区间消防水管爆裂漏水处理流程。
3. 掌握火灾发生时的调度规定。
4. 掌握火灾情况下作业要点和标准。

技能目标

1. 在轨道交通出现事件、事故时，能按“先通后复”的原则处理。
2. 在事件、事故危及员工、乘客的生命安全时（含在处理过程中出现的事件事故），能按照相应应急程序执行，实施“先救人，救人与处理事件同步进行”的原则。

任务一　行车组织类

一、相关知识

列车火灾发生时的调度规定如下。

（1）设备调度员在接到报警后，应沉着冷静，根据火灾现场的报告信息尽快做出分析判断。对于含糊不清的信息，应询问清楚，第一时间发送应急信息。

（2）设备调度员将情况立即报告给值班主任，由值班主任制订应急方案，并向各调度下达命令。各调度应在值班主任的指挥下，协同进行相应的调度作业。

（3）设备调度员应根据应急方案，配合各调度并向有关车站设备值班员下达相关命令。

（4）设备调度员应随时与在火灾现场的人员保持联系，及时掌握现场动态和救灾活动并及时通报值班主任，跟进现场火灾救援工作的最新进展。

二、行车火灾区域的分类

1. 站厅、站台

站厅、站台为工作人员和乘客主要的聚集场所，均装有感烟探测器、手动报警按钮。主要消防设备为消火栓。

2. 上、下行车站轨道

车站内的上下行正线线路（轨道）为列车停靠点，轨道上部和下部均装有排烟系统。

3. 区间隧道

一般未装火灾探测器，由司机向行车调度员或车站报告火灾，隧道内设有消火栓、手动报警按钮、插孔电话。

4. 客　车

客车内的部分座位下面设置有手提式灭火器。

三、列车火灾的处理

（1）列车发生火灾，设备调度员应第一时间发送应急信息的短信并联系应急救援队前往现场组织救援。

（2）时刻跟进现场火灾救援情况。

（3）列车在行驶中发生火灾，司机在向指挥中心或车站报告的同时，应尽量将列车开往前方车站停靠，列车到站后按列车在车站站台内发生火灾的程序处理。

（4）司机或现场人员没有特别说明的，每节列车上的乘客数按均等计算。

（5）一旦列车在区间内发生火灾，设备调度员必须紧密联系现场，尽量了解现场情况，确保指令发布的正确性。

四、任务评价

根据以上学习内容，评价自己对本任务内容的掌握程度，在下表相应位置打“√”。

评价内容	差	合格	良好	优秀
对列车火灾救援的掌握程度				
学习中存在的问题或感悟				

任务二　自然灾害类

一、相关知识

自然灾害是指给人类生存带来威胁或损坏人类生活环境的自然现象，包括大风、冰雪、大雾、暴雨等。

二、大风天气

大风响应：大风（除台风外）预警信号分四级，分别以蓝色、黄色、橙色、红色表示。

1. 蓝色预警信号

24 h 内可能受大风影响，平均风力可达 6 级以上，或者阵风 7 级以上；或者已经受大风影响，平均风力为 6～7 级，或者阵风 7～8 级并可能持续。

2. 黄色预警信号

12 h 内可能受大风影响，平均风力可达 8 级以上，或者阵风 9 级以上；或者已经受大风影响，平均风力为 8～9 级，或者阵风 9～10 级并可能持续。

3. 橙色预警信号

6 h 内可能受大风影响，平均风力可达 10 级以上，或者阵风 11 级以上；或者已经受大风影响，平均风力为 10～11 级，或者阵风 11～12 级并可能持续。

4. 红色预警信号

6 h 内可能受大风影响，平均风力可达 12 级以上，或者阵风 13 级以上；或者已经受大风影响，平均风力为 12 级以上，或者阵风 13 级以上并可能持续。

三、冰雪天气

冰雪响应：气象台发布冰雹橙色及以上预警信息，启动应急响应。

四、大雾天气

大雾响应：接收市气象台大雾橙色预警或监测高架、地面段出现 50 m≤能见度＜200 m 的浓雾为三级响应；接收市气象台大雾红色预警或监测高架、地面段出现能见度＜50 m 的浓雾为二级响应。

五、暴雨天气

暴雨响应：接收市气象台暴雨蓝色预警信号或监测 12 h 内降雨量达到 50 mm 以上为四级响应；接收市气象台暴雨黄色预警信号或监测 6 h 内降雨量达到 50 mm 以上为三级响应；接收市气象台暴雨橙色预警信号或监测 3 h 内降雨量达到 50 mm 以上为二级响应；接收市气象台暴雨红色预警信号或监测 3 h 内降雨量达到 100 mm 以上为一级响应。

六、任务实施

1. 大风天气应急处理流程

（1）及时了解强风情况和设备运营情况，必要时停止受影响设备的运行。
（2）通知相关专业维修人员做好抢险、抢修准备。
（3）加强监控，及时了解设备状况。
（4）若发现或接报险情，应通知相关车站值班人员确认设备情况，及时采取应急措施。

2. 冰雪天气应急处置流程

（1）及时了解天气情况，向值班主任汇报。
（2）通知相关专业维修人员做好抢险、抢修准备。
（3）对水管等设备应加强监控，及时了解设备状况。

3. 大雾天气应急处置流程

（1）及时了解天气情况，向值班主任汇报。
（2）通知相关专业维修人员做好抢险、抢修准备。
（3）对环控设备加强监控，有异常情况及时做出处理。

4. 暴雨天气应急处置流程

（1）通知车站加强监控车站出入口、集水井、区间水位以及各种排水泵的运行情况。
（2）接到水位报警、水泵故障等险情时，及时通知生产调度组织人员抢修。
（3）对环控设备加强监控，有异常情况及时做出处理并报告值班主任。

七、注意事项

当出现特殊天气时，当值调度密切关注设备运行情况，及时调整环控运行模式。

八、任务评价

根据以上学习内容，评价自己对本任务内容的掌握程度，在下表相应位置打“√”。

评价内容	差	合格	良好	优秀
对大风天气应急处置掌握程度				
对冰雪天气应急处置掌握程度				
对大雾天气应急处置掌握程度				
对暴雨天气应急处置掌握程度				
学习中存在的问题或感悟				

任务三　供电类

一、正线出现供电故障应急处置流程

（1）尽快了解正线受影响情况并汇报值班主任。
（2）根据现场情况，正确及时进行应急信息发布。
（3）随时了解救援情况，协调处理相关事宜。
（4）第一时间发送应急信息，及时跟进现场救援情况。
（5）对各调度员调度工作进行配合，组织应急救援队前往现场救援。

二、注意事项

（1）做好监控，根据具体情况向相关车站发布运营信息。
（2）做好预想，当发生事故时如何组织车站乘客的疏散。
（3）根据轨道交通的要求对各调度相关工作进行配合。
（4）及时跟进现场确认情况，发送应急短信，跟进现场第一情况。

三、任务评价

根据以上学习内容，评价自己对本任务内容的掌握程度，在下表相应位置打“√”。

评价内容	差	合格	良好	优秀
正线出现供电故障应急处置流程掌握程度				
学习中存在的问题或感悟				

任务四　反恐类

一、车站遭受恐怖袭击应急处置流程

（1）尽快了解站内受影响情况并汇报值班主任。
（2）根据现场情况，正确及时地进行应急信息发布。
（3）随时了解救援情况，协调处理相关事宜。

二、车站毒气袭击应急处置流程

（1）当接到或发现多名乘客同时感到不适（恶心呕吐）或晕倒的情况下，立即将相关情况通知各调度，及时跟进现场以确认情况。

（2）确认车站内发现生化毒气时，设备调度员第一时间发送应急信息。

（3）车站内发现生化毒气时，应立即对三号线一期停运，设备调度员通知现场救援的工作人员必须佩戴防毒用品。

（4）车站、列车发现有生化毒气，经相关部门（卫生防疫、公安部门）检测确认安全后，事故处理现场总指挥通知值班主任恢复运营，设备调度员在接到值班主任恢复运营的通知后，发送运营信息短信。

三、车站可燃气体泄露应急处置流程

（1）出现可燃气体泄漏时，车站内或列车局部发现可燃气体泄漏时，立即通知各调度相关情况，及时跟进现场以确认情况。

（2）确认车站内发现可燃气体时，设备调度员第一时间发送应急信息。

（3）车站如发现可燃气体泄漏，立即派人组织疏散人员，设置警戒区，禁止乘客进站。

（4）前方车站发生燃气泄漏，立即通知各调度相关情况，及时跟进现场以确认情况，发送应急短信跟进现场第一情况。

（5）若可燃气体起火燃烧，则按相应的火灾应急处理程序进行处理。

四、发现可疑物品应急处理流程

（1）做好监控，根据具体情况向相关车站发布运营信息。

（2）做好预想，当发生事故时如何组织车站乘客的疏散。

（3）根据轨道交通公安要求对各调度相关工作进行配合。

（4）及时跟进现场确认情况，发送应急短信跟进现场第一情况。

五、注意事项

（1）当车站发生毒气袭击或可燃气体泄露时，及时跟进现场确认情况，发送应急短信，跟进现场第一情况。

（2）当车站发生毒气袭击或可燃气体泄露时，立即通知各调度相关情况，并进行相应的配合，组织应急救援队前往现场救援。

任务评价

根据以上学习内容，评价自己对本任务内容的掌握程度，在下表相应位置打“√”。

评价内容	差	合格	良好	优秀
毒气袭击应急处置流程掌握程度				
可燃气体泄露应急处置掌握程度				
学习中存在的问题或感悟				